KB250406

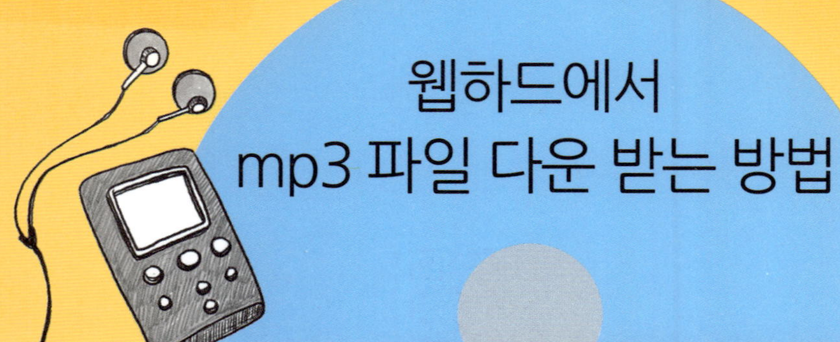

# 웹하드에서 mp3 파일 다운 받는 방법

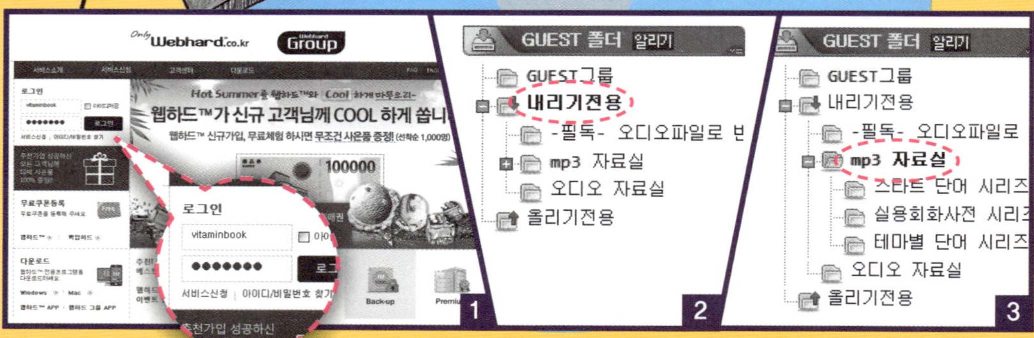


## 다운 방법

**STEP 01** 웹하드 (www.webhard.co.kr) 에 접속
아이디 (vitaminbook) 비밀번호 (vitamin) 로그인 클릭

**STEP 02** 내리기전용 클릭

**STEP 03** Mp3 자료실 클릭

**STEP 04** 이것이 독학 중국어 첫걸음이다! 클릭하여 다운

중국어 발음부터 단어 ★ 기본 문법 ★ 회화까지
이것이 독학 중국어 첫걸음이다!

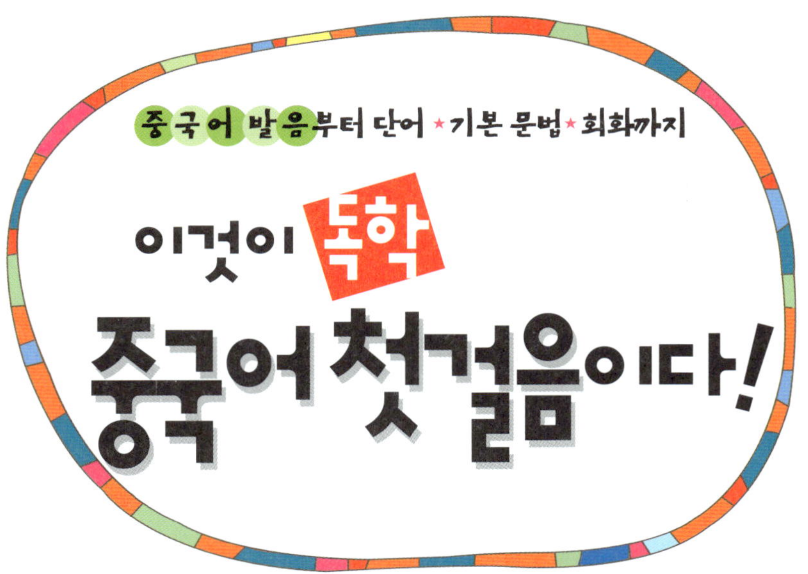


류연숙 엮음 · 리징후이 감수

# 머리말

중국어가 쉽고 재미있어질 때까지 이 책이 여러분과 함께 할 것입니다.

중국어는 어렵다?
표의 문자로 글자 하나하나의 음과 뜻이 다르고, 성조까지 있어서 선뜻 다가서기 어려운 중국어,
하지만 알고 보면 너무나도 재미있고 그 함축성에 반하게 되는 근사한 언어입니다. 이 책은 여러분이 중국어의 세계로 빠져들 때까지 여러분의 동반자가 되어 줄 것입니다. 가장 기초가 되는 발음과 성조부터, 간단한 문법, 실전 회화에 이르기까지 입문 과정부터 초급 과정까지의 내용을 알차게 담았습니다.
자, 이제 중국어로의 첫걸음을 내디뎌 볼까요!

### 1. 중국인이 쓰는 중국어 그대로!
기본 회화와 응용 회화를 통해 중국인이 쓰는 그대로의 중국어를 배우실 수 있습니다.
책에서만 볼 수 있는 구식 중국어는 이제 그만! 회화 내용을 중국 현지에서 자주 사용되는 세련된 표현을 위주로 구성하였습니다.

### 2. 문법은 예문을 통해 재미있게!
어렵다고 느끼기 쉬운 중국어 문법을 예문을 통해 쉽게 배우실 수 있습니다.
중국어 문법, 뜻만 보고 공부하려니 너무 막막해요! 긍정문, 부정문, 의문문과 같은 예문을 통해 학습자가 보다 쉽고 재미있게 중국어 문법에 다가갈 수 있도록 하였습니다.

### 3. 언어만으론 중국통이 될 수 없다!
중국의 명승고적, 사회, 문화 등의 소개를 통해 중국을 더 깊이 이해하실 수 있습니다.
중국어를 정확히 이해하려면 정치, 경제, 사회, 문화 등 중국에 대한 전반적인 이해가 필요합니다.
이 책은 중국에 대한 소개를 통해 학습자가 중국에 대해 좀더 깊이 이해할 수 있도록 하였습니다.

### 4. 한자로 배우는 색다른 중국어!
한국에서 사용되는 한자와 거의 동일한 번체자와 중국 대륙에서 사용되는 간체자를 동시에 배우실 수 있습니다.
한국의 한자와 중국어의 조상은 같다? 중국에서 간체자를 일반화하기 전까지 중국은 번체자를 사용해 왔고 현재의 간체자 또한 번체자에서 파생된 것입니다. 번체자와 간체자를 정확히 이해하므로써 중국어를 암기가 아닌 이해를 통해 쓸 수 있도록 하였습니다.

### 5. 보다 다양한 새로운 단어!
새로운 단어를 통해 다양한 단어들을 학습하실 수 있습니다.
생활에서 자주 쓰이지만 잘 공부하지 않는 단어, 궁금하지만 막상 찾아본 적 없는 단어들이 많다구요?
이 책에서는 보다 다양한 단어를 제공해 학습자의 어휘력을 풍부하게 할 수 있도록 하였습니다.

# 이 책의 구성

**중국어 발음부터 기본문법, 단어, 회화까지 한 번에!**

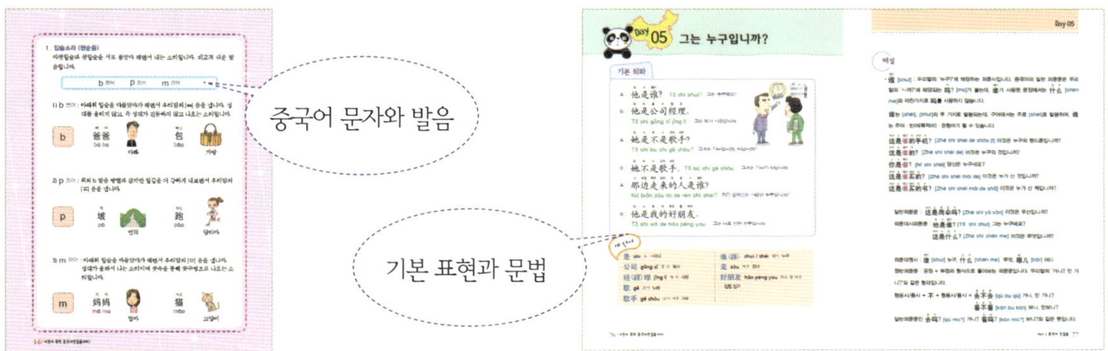


중국어의 기본인 성모 · 성조 · 운모의 개념과 발음법까지 정확하게 익혀 보자.

기본 표현의 문장을 통해 기본 문법을 익히자! 친절한 해설이 있으니까 혼자서도 OK~

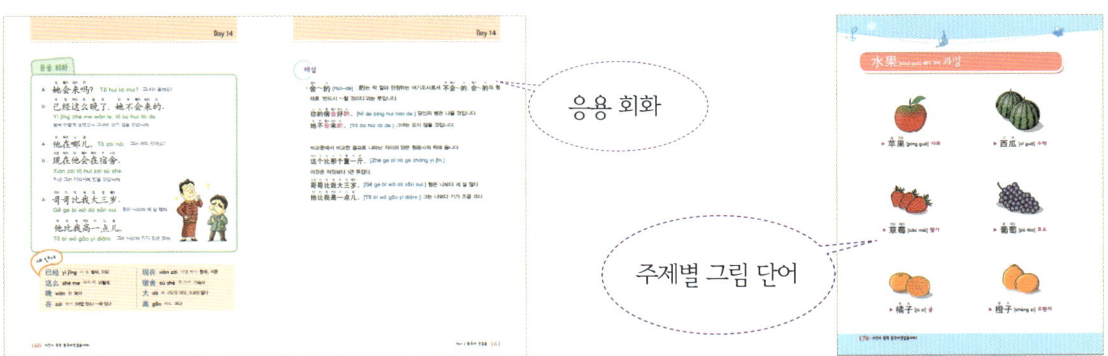


기본 표현을 응용한 회화로 실생활에서 쓰는 말투를 배워보자!

다양한 주제별 그림 단어로 쉽고 재미있게 어휘를 익히자!

번체자와 간체자를 동시에 익히고 그에 해당하는 단어도 배워 보자!

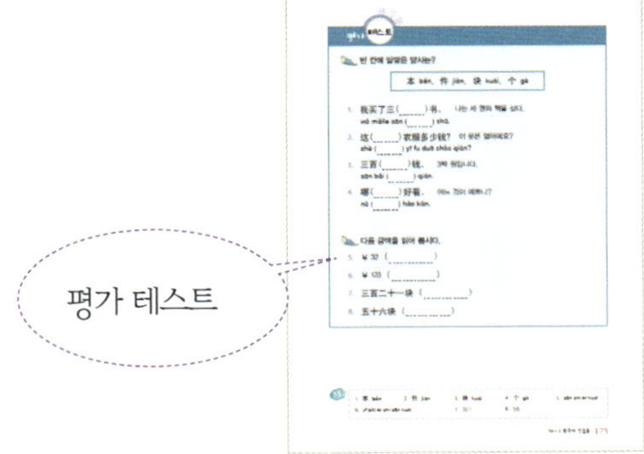


평가 테스트로 그날 배운 내용을 복습하고 작문 연습도 해보자!

# 차 례

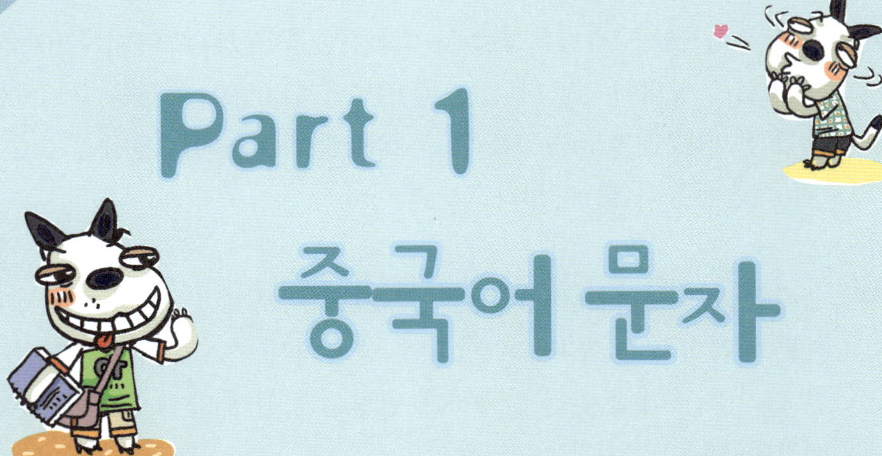

# Part 1 중국어 문자

★ 중국어란

★ 성조

★ 성모

★ 운모

## 중국어란?

중국은 약 13억 인구 중 90% 이상을 차지하는 한족(漢族)과 나머지 10%의 55개 소수민족으로 구성되어 있습니다. 중국어는 이처럼 90% 이상을 차지하는 한족의 언어, 즉 한위(汉语 hàn yǔ)를 말합니다. 베이징 지역의 발음을 표준으로 하고 있으며 이를 푸통화(普通話)라고도 합니다.

**간체자** : 우리가 쓰는 한자는 정자인 번체자(繁体字)로 대만, 홍콩 등에서 사용하는 원래의 전통 한자를 말합니다. 중국에서 쓰는 한자는 필획이 복잡한 한자 2274개를 골라 간략하게 변형시켜 쉽게 쓸 수 있도록 줄인 간체자(簡體字)입니다.

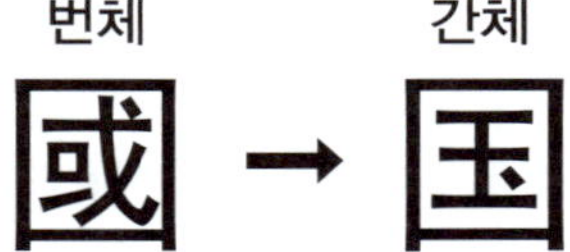


**한어병음** : 우리말을 발음하려면 한글의 자음 ㄱ ㄴ ㄷ ㄹ…, 모음 ㅏ ㅑ ㅓ ㅕ… 와 같은 발음을 익히듯이 중국어를 정확하게 발음하기 위해 만든 표기법을 한어병음이라고 합니다. 우리나라의 초성에 해당하는 성모 21개와 중성 · 종성에 해당하는 운모 36개, 그리고 중국어 소리의 높낮이를 나타내는 성조를 더하여 표기합니다.

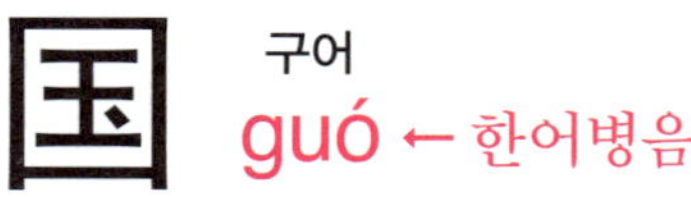


**성조** : 중국어는 소리의 높낮이에 따라 의미가 달라집니다. 성조란 소리의 높낮이인데 4가지 성조(제1성, 제2성, 제3성, 제4성)과 경성이 있습니다. 발음이 같더라도 성조에 따라 의미가 달라지기 때문에 매우 중요하며 정확히 배워야 합니다.

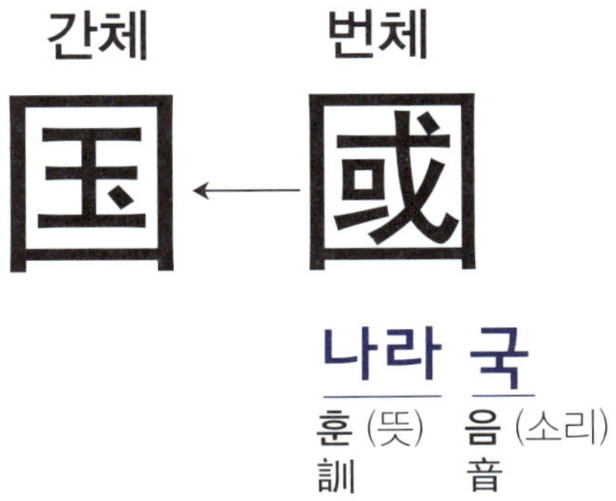

간체　　번체

国 ← 國

나라 국

훈 (뜻)　음 (소리)

訓　音

성조(높낮이)

성모(자음) → guó ← 운모(모음)

**성모** (声母) : 자음 (음절 첫 부분, 21개)

**운모** (韵母) : 모음 (성모를 제외한 나머지, 36개)

**성조** (声调) : 소리의 높낮이 (4성+경성)

## 성조

중국어에는 4개의 성조가 있습니다. 제1성, 제2성, 제3성, 제4성, 그리고 성조가 없는 경성(輕聲)으로 분류됩니다. 같은 발음이라 해도 성조가 다르면 그 뜻도 달라지기 때문에, 성조는 매우 중요한 역할을 합니다.

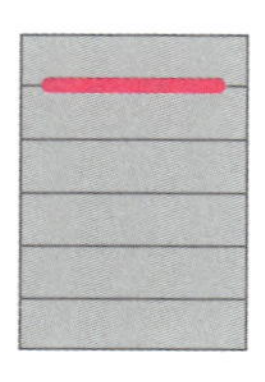

### 제1성

운모 위에 '—'로 표시합니다. 고음으로 시작하여 계속 끝을 내리지 말고 끝까지 이어줘야 합니다. 우리나라 사람들은 이 발음을 쉽게 생각하지만 의외로 어렵습니다.

妈 mā 엄마

### 제2성

운모 위에 '╱'로 표시합니다. 중간 정도 음에서 시작하여 제1성인 성조 끝까지 올려줍니다.

麻 má 삼베

### 제3성

운모 위에 '∨'로 표시합니다. 중간 정도 음에서 시작하여 가장 낮은 음까지 내렸다가 다시 높이 올라가야 합니다. 여기서는 낮은 음으로 내리는 게 중요합니다.

马(馬) mǎ 말(동물)

### 제4성

운모 위에 '╲'로 표시합니다. 제1성인 높은 음에서 가장 낮은 음까지 빠르게 소리 냅니다.

骂 mà 욕하다

### 경성(轻声)

짧고 가볍게 소리를 내며 특별한 성조를 표시하지 않습니다.

吗 ma? (의문사) ※ 경성의 높이는 앞의 성조에 따라 변합니다.

## 성모

성모는 우리말의 자음에 해당되는 부분으로 총 21개로 이루어져 있습니다. 우리말의 자음 'ㄱ'이 모음 'ㅏ'를 만나면 '가'로 발음되듯이 중국어의 성모도 모음인 운모와 결합되어 소리를 냅니다.

발음 유형은 7가지로 분류됩니다.

1. **입술소리** (쌍순음, 双唇音) b, p, m
2. **입술과 잇소리** (순치음, 唇齿音) f
3. **혀끝소리** (설첨음, 舌尖音) d, t, n, l
4. **혀뿌리소리** (설근음, 舌根音) g, k, h
5. **혓바닥소리** (설면음, 舌面音) j, q, x
6. **뒤 혀끝소리** (권설음, 卷舌音) zh, ch, sh, r
7. **앞 혀끝소리** (설치음, 舌齿音) z, c, s

## 1. 입술소리 (쌍순음)

아랫입술과 윗입술을 서로 붙였다 떼면서 내는 소리입니다. 비교적 쉬운 발음입니다.

b 쁘어    p 프어    m 므어

1) b 쁘어 : 아래위 입술을 다물었다가 떼면서 우리말의 [ㅃ] 음을 냅니다. 성대를 울리지 않고, 즉 성대가 진동하지 않고 나오는 소리입니다.

b

빠 바
爸爸
bà ba

아빠

빠오
包
bāo

가방

2) p 프어 : 위의 b 발음 방법과 같지만 입김을 더 강하게 내보면서 우리말의 [ㅍ] 음을 냅니다.

p

풔
坡
pō

언덕

파오
跑
pǎo

달리다

3) m 므어 : 아래위 입술을 다물었다가 떼면서 우리말의 [ㅁ] 음을 냅니다. 성대가 울려서 나는 소리이며 콧속을 통해 콧구멍으로 나오는 소리입니다.

m

마 마
妈妈
mā ma

엄마

마오
猫
māo

고양이

## 2. 입술과 잇소리 (순치음)

윗니를 아랫입술에 대었다가 떼면서 나는 소리로 영어의 f와 같지만 우리말로 발음을 표기하기가 무척 까다롭습니다. 한글 표기상으로 f와 p 모두 ㅍ으로 표기하지만, p와는 다른 발음이므로 주의합니다.

f 퍼

1) f 퍼 : 윗니 끝과 아랫 입술 사이로 공기를 마찰시켜 내는 소리입니다. [fo]로 읽습니다.

f

푸 무
父母
fùmǔ

부모

파
乏
fá

피곤하다

### 3. 혀끝소리 (설첨음)

혓바닥 끝부분을 윗니 안쪽(입천장)에 대었다가 떼면서 내는 소리로, 비교적 발음하기 쉽지만 정확하게 발음해야 합니다.

d 뜨어　　t 트어　　n 느어　　l 르어

1) d 뜨어 : 혀 전체의 끝부분을 윗잇몸에 붙였다 떼면서 우리말의 [ㄸ] 음을 내며 입김을 약하게 나가게 합니다.

2) t 트어 : 위의 d 발음과 같지만 d보다 입김을 더 강하게 내보내며 우리말의 [ㅌ] 음을 냅니다.

3) n 느어 : 우리말의 [ㄴ] 음을 내며 성대가 울려서 나오는 음입니다. 공기가 콧속을 통해 콧구멍으로 나가는 음입니다.

4) l 르어 : 혀끝을 세워 윗잇몸에 붙이고 있다가 떼면서 영어의 [l] 발음을 내며 공기가 혀의 양쪽으로 갈라져 나가게 합니다.

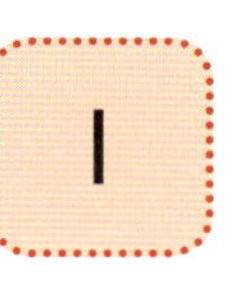


루
路
lù

길

따 러우
大楼
dà lóu

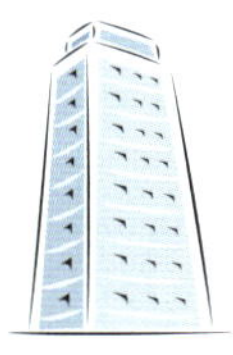

빌딩

### 4. 혀뿌리소리 (설근음)

혀뿌리로 목구멍을 이용하여 나오는 소리입니다. 우리나라에는 없는 발음이므로 신경써서 반드시 혀뿌리를 사용하여 발음해야 합니다.

g 끄어  k 크어  h 흐어

1) g 끄어 : 혀뿌리를 올려 입천장에 붙였다가 떼면서 우리말의 [ㄲ] 음을 냅니다. 성대를 울리지 않고 입김이 약하게 나가는 소리입니다.

g

끄어 거
哥哥
gēge

형

껀
根
gēn

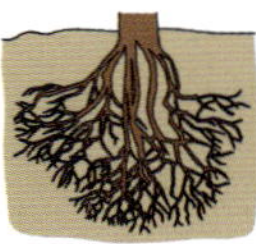

뿌리

2) k 크어 : 위의 g 발음과 비슷하지만 입김을 더 강하게 내보면서 우리말의 [ㅋ] 음을 냅니다.

k

칸
看
kàn

보다

쿤
困
kùn

졸리다

3) h 흐어 : 혀뿌리를 입천장에 닿을 듯이 올립니다. 그러나 붙이지는 않고 그 사이로 마찰시켜 나오는 소리입니다. 우리말의 [ㅎ] 음을 냅니다.

h

흐어
喝
hē

마시다

후아
花
huā

꽃

## 5. 혓바닥소리 (설면음)

입을 옆으로 벌리고 혓바닥을 펴서 모음 i를 붙여 읽습니다.

j 지　　q 치　　x 시

1) j 지 : 혓바닥을 가볍게 입천장에 붙였다가 살짝 떼면서 그 사이로 공기를 마찰시켜 우리말의 [지] 음을 냅니다.

집

지
鸡
jī

닭

2) q 치 : j의 발음 방법과 같지만 입김을 더 강하게 내보내며 우리말의 [치] 음을 냅니다.

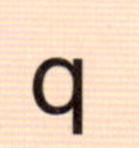

7

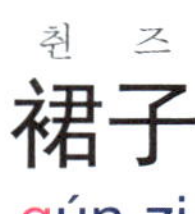

치마

3) x 시 : 혓바닥을 입천장에 붙이지는 않고 그 사이로 공기를 마찰시켜 우리말의 [시] 음을 냅니다.

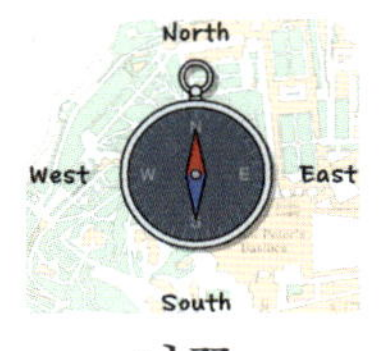


서쪽

눈

## 6. 뒤 혀끝소리 (권설음)

혀끝을 살짝 들어 말아 올리면서 입천장을 향하게 하고 혀끝과 입천장 사이로 새어 나오는 소리입니다. 우리나라에는 없는 발음이라 다소 어렵고 까다로운 편이므로 정확하게 발음할 수 있도록 많은 연습이 필요합니다.

zh ㅈ  ch ㅊ  sh ㅅ  r ㄹ

1) zh ㅈ : 혀의 양쪽 가장자리와 혀 앞부분을 말아 올려 입 천장에 가볍게 닿게 한 뒤 혀의 앞부분만을 가볍게 닿게 합니다. 그리고 공기를 그 사이로 마찰시켜 우리말의 [ㅈ] 음을 냅니다. 입김을 아주 약하게 해 줍니다.

2) ch ㅊ : 위의 zh와 같이 발음하지만 입김을 강하게 해 줍니다.

3) sh ㅅ : zh와 같은 혀 모양을 하고 혀 밑부분을 입천장에서 약간 뗀 상태에서 그 사이로 기류를 마찰시켜 우리말의 [ㅅ] 음을 냅니다.

4) r 르 : sh와 발음 방법이 같고 우리말의 [ㄹ] 비슷한 음을 냅니다. 성대를 진동시켜 나오는 소리입니다.

### 7. 앞 혀끝소리 (설치음)

혀끝은 아랫니를 차면서 발음하며 우리말의 '으'처럼 읽는데 z는 '즈'보다 강한 '쯔'로 발음하고 c는 약간 강하게 '츠'로 발음합니다. s도 마찬가지로 공기를 내뿜으며 '쓰'로 발음합니다. zi, ci, si는 우리말의 '쯔', '츠', '쓰'로 읽고 '찌', '치', '씨'로 발음하지 않으므로 주의합니다.

**Z** 쯔  **C** 츠  **S** 쓰

1) **Z** 쯔 : 아랫니와 윗니를 맞물고 혀끝을 앞으로 쭉 뻗어 윗니와 아랫니가 만나는 곳에 붙였다가 조금 떼면서 그 사이로 공기를 마찰시켜 우리말의 [ㅉ]음을 냅니다.

2) **C** 츠 : 위의 z의 발음 방법과 같지만 입김을 더 강하게 내보내면서 우리말의 [ㅊ]음을 냅니다.

3) **S** 쓰 : z의 발음과 같으나 혀끝이 앞니 윗면에 가까이 가지만 닿지 않은 상태에서 그 사이로 공기를 마찰시켜 우리말의 [ㅆ]음을 냅니다.

## 운모

운모는 우리말의 모음에 해당하는 부분으로 총 36개가 있으며, 단운모 · 복운모 · 비운모 · 권설운모로 구분됩니다.

**단운모** : 가장 기본이 되는 운모입니다. 하나의 모음으로 처음부터 끝까지 입 모양이 변하지 않습니다.

a, o, e, i, u, ü

**복운모** : 두 개의 운모로 이루어진 운모입니다. 입 모양과 혀의 위치는 발음을 시작할 때와 끝날 때가 각각 다릅니다.

ai, ei, ao, ou

**비운모** : 콧소리가 나는 운모로 끝이 n, ng를 결합하여 이루어집니다.

an, en, ang, eng, ong

**권설운모** : 혀가 말려서 나오는 소리입니다. er 하나뿐이고 성모와 결합하지 않고 항상 단독으로 쓰이며, 때로 단어 끝에 붙어 발음 변화를 일으키기도 합니다.

er

**결합운모** : 복운모 · 비운모에 해당되기도 합니다. 운모 i, u, ü와 다른 운모가 결합되어 이루어진 것을 말하며 i, u, ü가 성모 없이 단독으로 쓰일 경우에 yi, wu, yu로 표기하기 때문에 구분하여 설명합니다.

① i와 결합된 운모가 단독으로 쓰일 경우 yi로 표기합니다.
ia, ie, iao, iou, ian, iang, iong, in, ing

② u와 결합된 운모가 단독으로 쓰일 경우 wu로 표기합니다.
ua, uo, uai, uan, uang, uei, uen, ueng

③ ü와 결합된 운모가 단독으로 쓰일 경우 yu로 표기합니다.
üe, üan, ün

## 단운모 a, o, e, i, u, ü로 시작되는 운모표

| | | | | | | | | | |
|---|---|---|---|---|---|---|---|---|---|
| a 아 | ai<br>아이 | ao<br>아오 | an<br>안 | ang<br>앙 | | | | | |
| o 오~어 | ou<br>어우 | ong<br>옹 | | | | | | | |
| e 으~어 | ei<br>에이 | en<br>으언 | eng<br>으엉 | er<br>얼 | | | | | |
| i 이 | ia<br>이아 | ie<br>이에 | iao<br>이아오 | iou<br>이어우 | ian<br>이앤 | iang<br>이앙 | iong<br>이옹 | in<br>인 | ing<br>잉 |
| u 우 | ua<br>우와 | uo<br>우워 | uai<br>우와이 | uan<br>우완 | uang<br>우왕 | uei<br>우웨이 | uen<br>우원 | ueng<br>우웡 | |
| ü 위 | üe<br>위에 | üan<br>위엔 | ün<br>윈 | | | | | | |

### 단운모 a, o, e, i, u, ü

**a** 우리말의 '아'보다 입을 좀 더 크게 벌리고 발음합니다.

bà ba 빠 바
아빠

mā ma 마 마
엄마

**o** 우리말의 '오'보다 입술을 좀 더 둥글게 하고 입은 반쯤 벌리고 혀는 중간 높이로 '오'와 함께 '어'를 길게 합성시킵니다. 그러면 '워' 소리로 들리게 됩니다.

mō 뭐
쓰다듬다

bō cài 뽀 차이
시금치

**e** 혀를 중간 높이에 두고 우리말의 '**으**'와 '**어**'를 붙여서 발음합니다. '**으**'를 발음하면서 빨리 '**어**'를 합성시켜 소리냅니다.

**gē ge** 끄어 거
형

**hē** 흐어
마시다

**i** 입술을 좌우로 잡아당기고 우리말의 '**이**'와 같이 발음합니다. 우리말의 '**이**'보다 훨씬 강하게 발음해야 함을 주의합니다.

**mǐ** 미
쌀

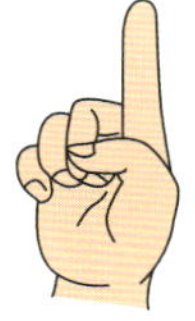

**yī** 이
하나

**u** 입술을 둥글고 작게 오므리면서 앞쪽으로 나오도록 하고 우리말의 '**우**'와 같이 발음합니다.

**dú** 뚜
읽다

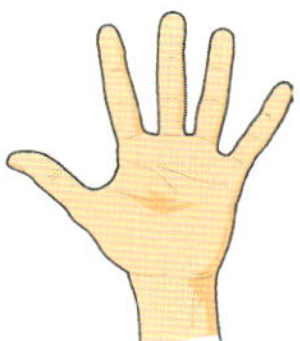

**wǔ** 우
다섯

**ü** 'i'와 같이 혀끝은 밑으로 하고 입술을 둥그랗게 오므리면서 우리말의 '**위**'와 비슷하지만 발음이 끝날 때까지 입술을 그대로 두고 풀지 않습니다. 도중에 입술이 펴지면 '**위이**' 또는 '**우이**'처럼 틀린 발음이 나옵니다.

**nǚ** 뉘
여자

**lǜ chá** 뤼차
녹차

## 복운모 ai, ao, ei, ou

**ai** '아'를 강하고 길게 발음하다가 '이'의 입 모양으로 가볍게 오므리면서 우리말의 '아–이'처럼 발음합니다.

bái cài 바이 차이
배추

ài 아이
사랑

**ao** '아'를 강하고 길게 발음하다가 자연스럽게 '오'를 붙여 우리말의 '아–오'처럼 발음합니다.

bāo 빠오
가방

māo 마오
고양이

**ei** '으어'는 뒤에 다른 운모를 만나면 '으어'가 아닌 '에'로 발음합니다. '에'는 길고 강하게, '이'는 가볍게 발음해서 우리말의 '에–이'처럼 발음합니다.

bēi zi 뻬이 즈
컵, 잔

fēi jī 페이 지
비행기

**ou** '어'를 길게 발음하다가 뒤에 '우'를 가볍게 붙여 우리말의 '어–우'처럼 발음합니다.

dà dòu 따 떠우
콩

tóu fa 터우 파
머리카락

## 비운모 an, en, ang, eng, ong

**an** 우리말의 '아'를 발음하다가 자음 'ㄴ'을 붙여 '안'처럼 발음합니다.

hēi bǎn 헤이 빤
칠판

fàn 판
밥

**en** 우리말의 '으어' 뒤에 'ㄴ'을 붙여 '으언'처럼 발음합니다.

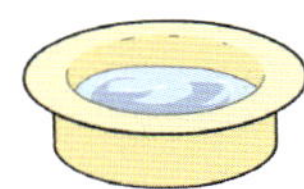

pén 펀
대야

mén 먼
문

**ang** 우리말의 '아'를 발음하다가 자음 'ㅇ'을 붙여 '앙'처럼 발음합니다.

shāng diàn 샹 디엔
상점

máng 망
바쁘다

**eng** en '으언'에다 받침 'ㅇ'을 붙여 '으엉'처럼 발음합니다.

xué sheng 쉬에 셩
학생

mèng 멍
꿈

**ong** 우리말의 '옹'처럼 발음합니다.

gōng yuán 꽁 위엔
공원

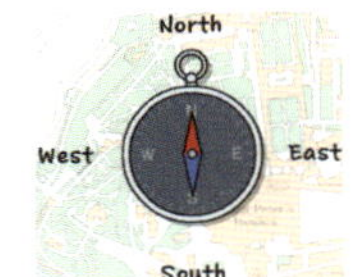


dōng 똥
동쪽

## i 로 시작되는 결합운모 ia, ie, iao, iou, ian, iang, iong, in, ing

**ia** 우리말의 '**이아**'를 붙여서 '**야**'처럼 발음합니다.

jiā 지아
집

xiā 씨아
새우

**ie** 우리말의 '**이에**'를 붙여서 '**에**'로 발음합니다.

qié zi 치에 즈
가지

xié zi 씨에 즈
신발

**iao** 우리말의 '**이야오**'처럼 발음합니다.

xué xiào 쉬에 시아오
학교

piào 피아오
표

**iou(iu)** '**이**'와 '**어우**'를 따로 발음하지 않고 한 음으로 붙여 빠르게 '**이어우**'로 발음합니다. 성모와 만나면 가운데 o가 생략되고 iu로 표기합니다.

qiú 치(어)우
공

niú 니우
소

**ian** 우리말의 **'이앤'**처럼 발음합니다. 운모 a(아)는 i, ü와 n 사이에 오면 **'안'**이 아니라 **'앤'**으로 발음됩니다. 그러므로 qian도 **'치안'**으로 발음하지 않고 **'치앤'**으로 발음합니다.

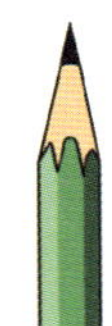

qiān bǐ 치앤 삐
연필

miàn 미앤
밀가루

**iang** 우리말의 **'이앙'**처럼 발음합니다.

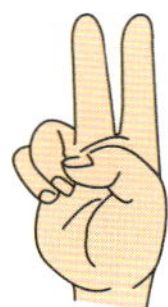

liǎng ge 리양 거
두 개

jiāng jūn 지앙 쥔
장군

**iong** 우리말의 **'이웅'**처럼 발음합니다.

xióng māo 씨웅 마오
판다

qióng 치웅
가난하다

**in** 우리말의 **'인'**처럼 발음합니다.

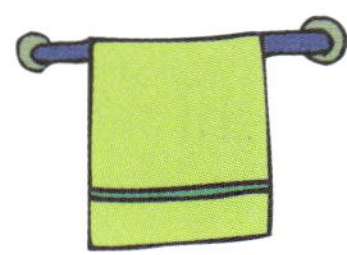

máo jīn 마오 진
타올

qīn rén 친 런
친척

**ing** 우리말의 **'잉'**처럼 발음합니다.

tīng 팅
듣다

běi jīng 베이 징
북경

## u로 시작되는 결합운모 ua, uo, uai, uan, uang, uei, uen, ueng

**ua** 우리말의 '우'와 '와'를 붙여서 '우와'로 발음합니다.

huā 후아
꽃

zhuā 쭈와
잡다

**uo** 우리말의 '우'와 '워'를 붙여 빨리 소리내면 '워'처럼 발음합니다.

luò tuo 루어 투어
낙타

huā duǒ 후아 두워
꽃송이

**uai** 우리말의 '우'와 '와이'를 붙여서 '우와이'를 빨리 발음합니다.

kuài zi 콰이 즈
젓가락

huài rén 화이 런
나쁜 사람

**uan** 우리말의 '우완'처럼 발음합니다.

dà suàn 따 쑤완
마늘

zuàn shí 쭈완 스
다이아몬드

**uang** 우리말의 '우왕'처럼 발음합니다.

huáng niú 후왕 니우
황소

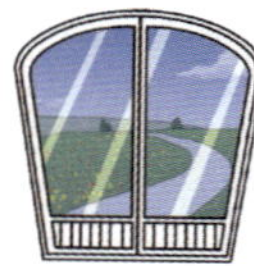

chuāng 추왕
창문

**uei(ui)** '**우**'와 '**에이**'를 한 음처럼 빠르게 발음합니다. 성모와 만나면 가운데 'e'가 생략되어 'ui'로 표기하며 가운데 'e' 발음을 가볍게 해 줍니다.

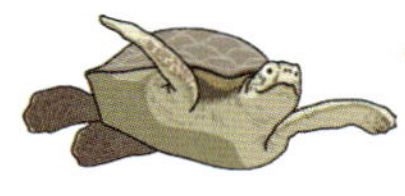

**wū guī** 우 꾸(에)이
거북이

**guǐ** 꾸(에)이
귀신

**uen(un)** 우리말의 '**우원**'처럼 발음합니다. 성모와 만나면 가운데 'e'를 생략하고 'un'로 표기합니다.

**chūn** 춘
봄

**kùn** 쿤
졸리다

**ueng(eng)** 우리말의 '**우엉**'처럼 발음합니다.

**wēng** 웡
늙은이

**wēng** 웡
웡~(벌, 비행기 소리)

## ü로 시작되는 결합운모 üe, üan, ün

**üe** 우리말의 '**위에**'를 빠르게 발음합니다.

xuě gāo 쉬에 까오
아이스크림(하드)

xuě rén 쉬에 런
눈사람

※ ü 앞에 j, q, x + y가 오면 ü로 적지 않고 u로 표기함에 유의합니다.
j + ü = ju, x + ü = xu, q + ü = qu, y + ü = yu
따라서 ju, xu, qu, yu는 '주', '수', '추', '유'로 발음하지 않고 '쥐', '쉬', '취', '위'로, 즉 ju 쥐, qu 취, xu 쉬, yu 위 입 모양이 계속 변함없이 끝까지 발음해 줍니다.

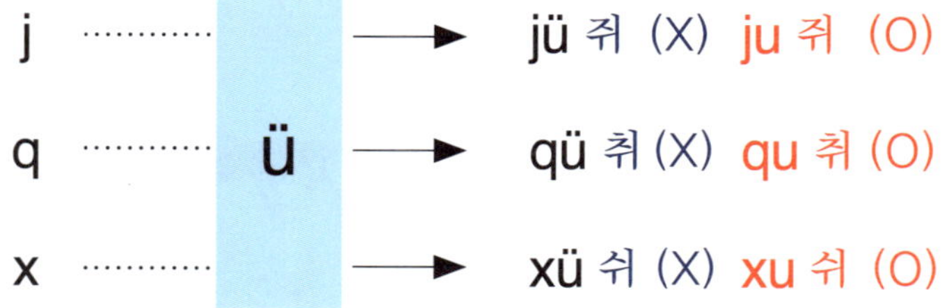


**üan** 우리말 '**위앤**'처럼 발음합니다. '**위안**'으로 발음하지 않으니 주의하고, 앞에 y가 오면 ü로 표기하지 않고 u로 표기합니다.

yī yuàn 이 위앤
병원

quán tou 취엔 터우
주먹

**ün** 우리말의 '**윈**'처럼 발음합니다. ü 발음이 입술 모양이 바뀌지 않으니 끝까지 오무린 입술로 '**윈**'을 발음합니다.

qún zi 췬 즈
치마

yún 윈
구름

해설

모음 i와 u는 성모 없이 단독으로 쓰일 경우 i는 y로 표기하고 u는 w로 표기합니다. 그래서 i만 쓰일 경우 yi로 표기하고 u만 쓰일 경우 wu로 표기합니다.

i → yi / u → wu

ia → ya 야
ie → ye 예
iao → yao 야오
iou → you 여우
ian → yan 앤
iang → yang 양
iong → yong 용
in → yin 인
ing → ying 잉

iou는 성모와 결합하면 가운데 o를 생략하고 iu로 표기하며 'o'의 발음을 아주 약하게 합니다.
또한 i(o)u에서는 성조를 u에 달아줍니다. diū (O) dīu (X)

q + iou → qiu 치(어)우

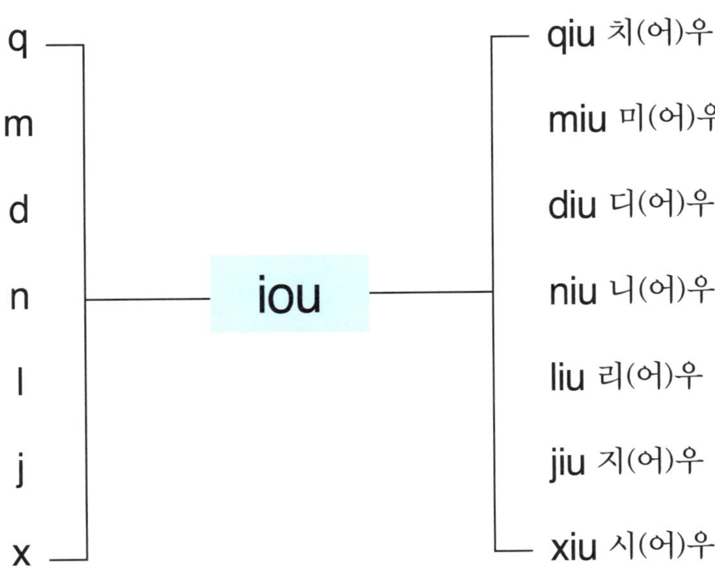

운모 a는 운모 i, u와 n 사이에서는 '아'가 아닌 '애'로 발음함을 유의합니다.

j – i - an → jian 지앤(O) 지안 (X)

q - i - an → qian 치앤(O) 치안 (X)

x - i - an → xiān 시앤(O) 시안 (X)

j - ü - an → juān 쥐앤(O) 쥐안 (X)

q - ü - an → quan 취앤(O) 취안 (X)

x - ü - an → xuān 쉬앤(O) 쉬안 (X)

u로 시작하는 결합운모가 성모 없이 단독으로 쓰일 때

ua → wa 와

uo → wo 워

uai → wai 와이

uan → wan 완

uang → wang 왕

uei → wei 웨이

uen → wen 원

ueng → weng 웡

uei와 uen은 성모와 만나면 가운데 e는 생략되고 ui와 un으로 표기됩니다. 그리고 e는 아주 약하게 발음합니다.

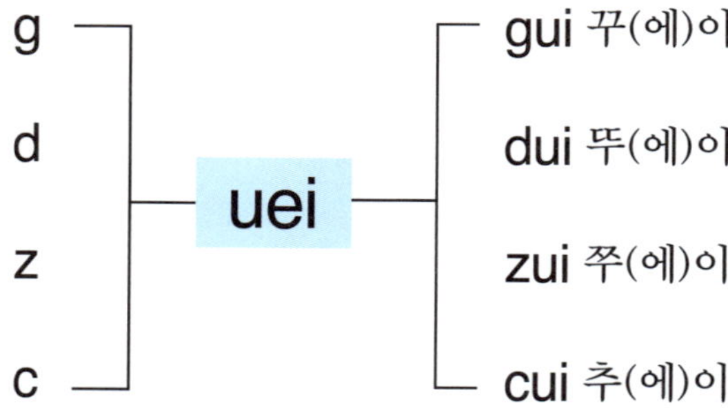

# Part 2
# 중국어 첫걸음

DAY 01

# 안녕하세요

## 기본 회화

A: 你好。(니 하오) Nǐ hǎo. 안녕하세요.

B: 你好。(니 하오) Nǐ hǎo. 안녕하세요.

A: 谢谢。(씨에 씨에) Xiè xie. 고맙습니다.

B: 不客气。(부 커 치) Bú kè qi. 천만에요.

A: 再见。(짜이 지엔) Zài jiàn. 안녕히 계세요.

B: 再见。(짜이 지엔) Zài jiàn. 안녕히 가세요.

### 새 단어

你 nǐ 니 너, 당신

好 hǎo 하오 좋다, 안녕하다

谢谢 xiè xie 씨에 씨에 감사합니다, 고맙습니다

再 zài 짜이 다시, 또

见(見) jiàn 지엔 보다, 만나다

## 해설

· 你好(니 하오) [nǐ hǎo] : 사람과 사람이 처음 만나서 가장 먼저 하는 것이 '안녕하세요'라는 인사입니다. 중국인들의 일상적인 인사말로, 시간이나 장소 · 신분에 관계없이 누구에게나 쓸 수 있습니다. 你好(니 하오) [nǐ hǎo]에 대한 대답 또한 같은 你好(니 하오) [nǐ hǎo]로 답합니다. 우리나라 사람들이 혼동하기 쉬운 你好吗(니 하오 마) [nǐ hǎo ma]는 보통의 인사말이 아니라 상대방의 안부(건강이나 상황)를 물어볼 때 쓰는 인사로써 '잘 지낸다' 정도인 我很好(워 헌 하오) [wǒ hěn hǎo]로 대답하는 게 좋습니다.

· 谢谢(씨에 씨에) [xiè xie] : '고맙습니다', '감사합니다'라는 뜻으로 상대방은 不客气(부 커 치) [bú kè qi] '천만에요', '별말씀을요' 하고 대답합니다. 谢谢你(씨에 씨에 니) [xiè xie nǐ] 뒤에는 대상을 덧붙여 표현할 수 있습니다. 즉 谢谢老师。(씨에 씨에 라오 스) [Xiè xie lǎo shī.] 선생님 감사합니다.

· 再见(짜이 지엔) [zài jiàn] : '또 만나자'라는 의미로, 헤어질 때 가장 많이 쓰는 인사말입니다. '안녕', '잘 가', '또 보자' 등의 의미이고, '내일 보자'라고 할 때는 明天见(밍 티엔 지엔) [míng tiān jiàn]이라고 합니다. jian (지엔)은 '젠'에 가깝게 발음합니다.

**Tip 제3성의 성조 변화**

你好 nǐ hǎo에서처럼 3성과 3성이 연이어 나올 경우 앞의 3성을 **제2성**으로 읽습니다. 하지만 표기상에는 3성과 3성으로 표기하고 발음할 때는 꼭 2성과 3성으로 합니다.

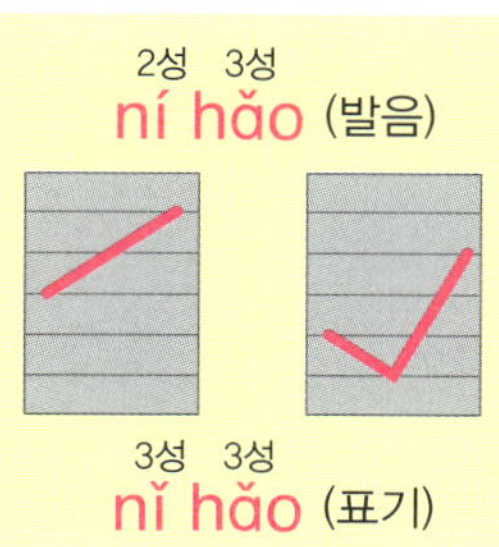

## 여러 가지 인사말

짜오 샹 하오
**早上好。** Zǎo shang hǎo. 안녕하세요. (아침 인사)

완 샹 하오
**晚上好。** Wǎn shang hǎo. 안녕하세요. (저녁 인사)

완 안
**晚安。** Wǎn ān. 안녕히 주무세요.

하오 지우 부 지엔
**好久不见。** Hǎo jiǔ bú jiàn. 오랜만입니다.

니 하오 마
**你好吗。** Nǐ hǎo ma. 잘 지냅니까?

워 헌 하오
**我很好。** Wǒ hěn hǎo. 아주 잘 지냅니다.

뚜이 부 치
**对不起。** Duì bu qǐ. 미안합니다.

메이 꽌 씨
**没关系。** Méi guān xi. 괜찮습니다.

만 저우
**慢走。** Màn zǒu. 살펴가세요.

### 새 단어

**早** zǎo 짜오 일찍, 아침

**晚** wǎn 완 늦은, 저녁

**对(對)不起** duì bu qǐ 뚜이 부 치 미안합니다

**没关(關)系** méi guān xi 메이 꽌 씨 괜찮습니다

**慢** màn 만 느리다

## 해설

- 早上 [zǎo shang] : '아침'을 뜻하며, 晚上 [wǎn shang]은 '저녁'을 뜻합니다. 그러므로 早上好는 아침 인사, 晚上好는 저녁 인사입니다.

- 好久不见 [hǎo jiǔ bú jiàn] : 好久 [hǎo jiǔ]는 '오랫동안', 见 [jiàn]은 '만나다'라는 뜻인데, 不 [bù]라는 부정이 앞에 위치하기에 '만나지 않았다'라는 뜻이 됩니다. 오랫동안 만나지 못했기에 '오랜만입니다'라고 해석됩니다.

  吃 [chī] 먹다 → 不吃。[bù chī.] 먹지 않는다.

  喝 [hē] 마시다 → 不喝。[bù hē.] 마시지 않는다

- 对不起 [duì bu qǐ] : 상대방에게 실수나 잘못했을 때 '죄송합니다', '미안합니다'라는 사과의 표현입니다. 이때는 상대방도 没关系 [méi guān xi] 괜찮습니다라고 말하면 사과에 답하는 표현이 됩니다.

- 慢走 [màn zǒu] : '천천히 걷다'로 해석되는데, 손님을 배웅할 때 사용하면 '안녕히 가세요', '살펴 가세요'라는 뜻으로 표현됩니다.

## ★ 인칭대명사

중국어의 인칭대명사는 아래 표와 같습니다.

| 구분 | 단수 | 복수 |
|---|---|---|
| 1인칭 | 我 wǒ [워] 나 | 我们 wǒ men [워 먼] 우리<br>咱们 zán men [잔 먼] (듣고 있는 상대방을 포함한) 우리 |
| 2인칭 | 你 nǐ [니] 너<br>您 nín [닌] 당신(존칭) | 你们 nǐ men [니 먼] 너희들 |
| 3인칭 | 他 tā [타] 그<br>她 tā [타] 그녀<br>它 tā [타] 그것 | 他们 tā men [타 먼] 그들<br>她们 tā men [타 먼] 그녀들<br>它们 tā men [타 먼] 그것들 |

워 먼 / 잔 먼
1 1인칭 복수인 我们 [wǒ men] 과 咱们 [zán men] 은 모두 '우리'를 나타냅니다.

워 먼
① 我们 은 듣고 있는 상대방을 포함한 것일 수도 있고 포함하지 않을 수도 있습니다.

워 먼 이 치 저우 바
我们一起走吧。[wǒ men yì qǐ zǒu ba.] 우리 같이 가요.(상대방 포함)

니 시엔 저우 바 워 먼 덩 덩 타
你先走吧，我们等等他。[nǐ xiān zǒu ba, wǒ men děng deng tā.]

너 먼저 가, 우리는 그를 기다릴께.(상대방 포함하지 않음)

잔 먼
② 咱们 [zán men] 은 듣고 있는 상대방을 포함한 것입니다.

잔 먼 덩 덩 타
咱们等等他。[zán men děng deng tā.] 우리 그를 기다리자.

닌 / 니
2 2인칭 단수인 您 [nín]과 你 [nǐ]

니
① 你 는 '너'라는 뜻으로, 나이가 비슷하거나 자신보다 어린 사람에게 사용합니다.

니 하오 / 니 하오 마
你好。[nǐ hǎo.] 안녕! 你好吗? [nǐ hǎo ma] 잘 지내니?

닌 / 니
② 您은 你 의 존칭입니다. 주로 자신보다 지위가 높거나 선배에게 사용합니다.

닌 자오 / 닌 하오
您早。[nín zǎo.] 좋은 아침입니다. 您好? [nín hǎo] 안녕하십니까?

练习题

## 평가 테스트

 다음 인사말에 알맞은 대답을 찾으세요.

| 你好 | 谢谢 | 不客气 | 再见 | 对不起 |
|---|---|---|---|---|
| 没关系 | 你好吗 | 很好 | 我很好 | |

1. A : 你好。
   B : _______________
2. A : 谢谢。
   B : _______________
3. A : 对不起。
   B : _______________
4. A : 你好吗?
   B : _______________
5. A : 再见。
   B : _______________

중국어 독음을 써 보세요.

6. 안녕하세요. 你好。 n______ h______
7. 감사합니다. 谢谢。 x______ x______
8. 잘 가. 再见。 z______ j______
9. 미안해요. 对不起。 d______ b______ q______

1. 你好。 2. 不客气。 3. 没关系。 4. 我很好。 5. 再见。
6. nǐ hǎo. 7. xiè xie. 8. zài jiàn. 9. duì bu qǐ.

## 번체자 · 간체자 쓰기

| 번체자 | 간체자 | |
|---|---|---|
| 謝<br>사례할 사 | 谢<br>xiè<br>씨에 | 谢 谢 谢 谢 谢 谢 谢 谢 谢 谢 谢 谢<br>谢 |
| 氣<br>기운 기 | 气<br>qì<br>치 | 气 气 气 气<br>气 |
| 見<br>볼 견 | 见<br>jiàn<br>지엔 | 见 见 见 见<br>见 |
| 言<br>말씀 언 | 讠<br>yán<br>얜 | 讠 讠<br>讠 |

씨에 씨에
谢谢 감사합니다
xiè xie

부 커 치
不客气 천만에요
bú kè qi

짜이 지엔
再见 잘가
zài jiàn

위 얜
语言 언어
yǔ yán

| 번체자 | 간체자 | |
|---|---|---|
| 對<br>대할 대 | 对<br>duì<br>뚜이 | 对 对 对 对 对<br>对 |
| 關<br>관계할 관 | 关<br>guān<br>꽌 | 关 关 关 关 关 关<br>关 |
| 馬<br>말 마 | 马<br>mǎ<br>마 | 马 马 马<br>马 |
| 師<br>스승 사 | 师<br>shī<br>스 | 师 师 师 师 师 师<br>师 |

뚜이 부 치
对不起 미안합니다
duì bu qǐ

메이 꽌 씨
没关系 괜찮습니다
méi guān xi

마
马 말
mǎ

라오 스
老师 선생님
lǎo shī

## 脸 [liǎn] 리엔 얼굴

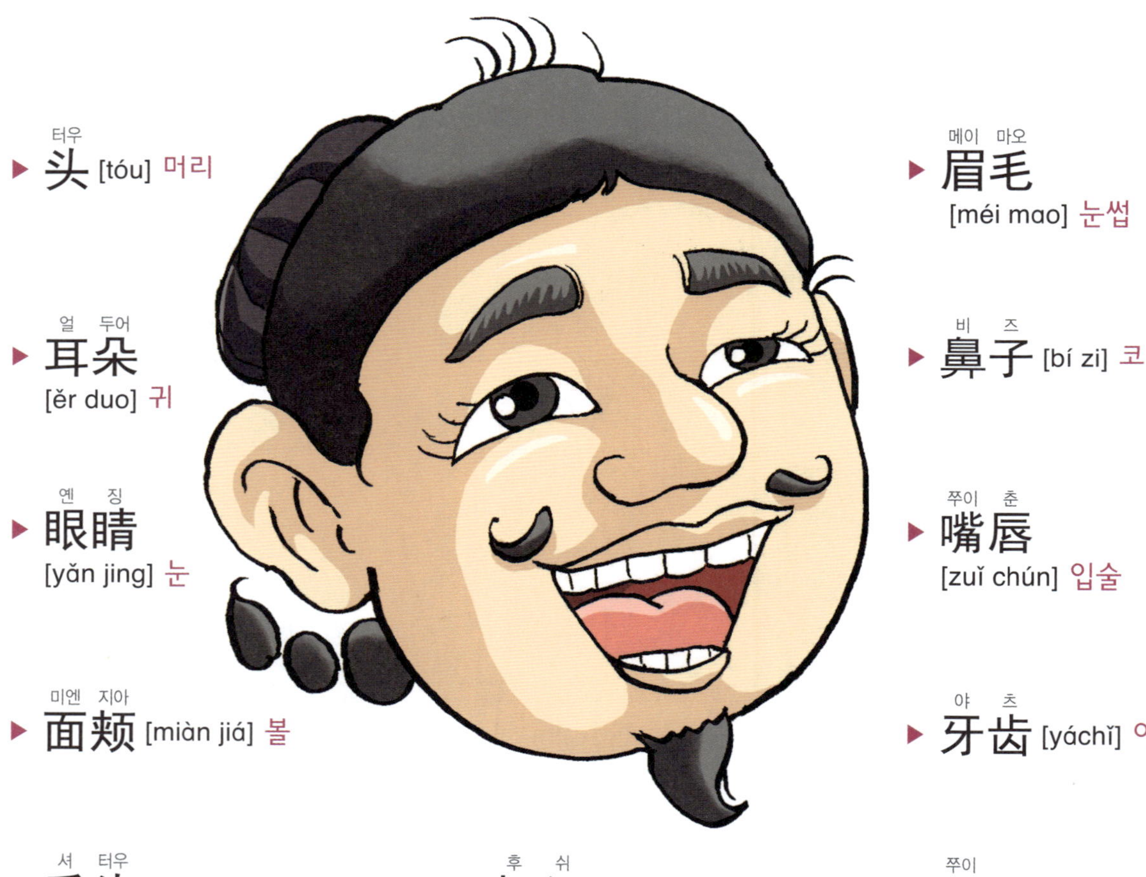

▶ 头发 (터우 파) [tóufa] 머리카락

▶ 头 (터우) [tóu] 머리

▶ 眉毛 (메이 마오) [méi mao] 눈썹

▶ 耳朵 (얼 두어) [ěr duo] 귀

▶ 鼻子 (비 즈) [bí zi] 코

▶ 眼睛 (옌 징) [yǎn jing] 눈

▶ 嘴唇 (쭈이 춘) [zuǐ chún] 입술

▶ 面颊 (미엔 지아) [miàn jiá] 볼

▶ 牙齿 (야 츠) [yáchǐ] 이

▶ 舌头 (셔 터우) [shé tou] 혀

▶ 胡须 (후 쉬) [húxū] 수염

▶ 嘴 (쭈이) [zuǐ] 입

# 身体 [shēn tǐ] 선 티 몸

▶ 手指 [shǒu zhǐ] 손가락 (셔우 즈)

▶ 腕 [wàn] 손목 (완)

▶ 肩 [jiān] 어깨 (지엔)

▶ 手 [shǒu] 손 (셔우)

▶ 胸 [xiōng] 가슴 (씨웅)

▶ 肚子 [dù zi] 배 (뚜 즈)

▶ 膝盖 [xī gài] 무릎 (씨 까이)

▶ 踝 [huái] 발목 (화이)

▶ 胳膊 [gēbo] 팔 (꺼 뽀)

▶ 颈 [jǐng] 목 (찡)

▶ 背 [bèi] 등 (뻬이)

▶ 腰 [yāo] 허리 (야오)

▶ 屁股 [pì gu] 엉덩이 (피 구)

▶ 腿 [tuǐ] 다리 (투이)

▶ 脚 [jiǎo] 발 (지아오)

# DAY 02 자기 소개

## 기본 회화

A : 你好。(니 하오) Nǐ hǎo. 안녕하세요.

我叫金妍儿。(워 지아오 진 얜 얼)

Wǒ jiào jīn yán ér. 저는 김연아라고 합니다.

认识您很高兴。(런 스 닌 헌 까오 씽)

Rèn shi nín hěn gāo xìng.

당신을 알게 되어 아주 기쁩니다.

B : 我也很高兴。(워 예 헌 까오 씽) Wǒ yě hěn gāo xìng. 저도 매우 기쁩니다.

A : 您贵姓? (닌 꾸이 씽) Nín guì xìng? 성함이 어떻게 되세요?

B : 我姓王, 叫王明。(워 씽 왕 지아오 왕 밍)

Wǒ xìng wáng, jiào wáng míng. 저는 왕명이라고 합니다.

认识您我也很高兴。(런 스 닌 워 예 헌 까오 씽)

Rèn shi nín wǒ yě hěn gāo xìng. 저도 당신을 알게 되어 매우 기쁩니다.

### 새 단어

**叫** jiào 지아오 ~라고 부릅니다

**认识(認識)** rèn shi 런 스 알다

(识 shi : '스'와 '쓰' 사이음인데 권설음이기 때문에 '스'로 적습니다. 혀를 말아올려 발음함)

**您** nín 닌

你 당신의 존칭(상대를 높여 부를 때 사용)

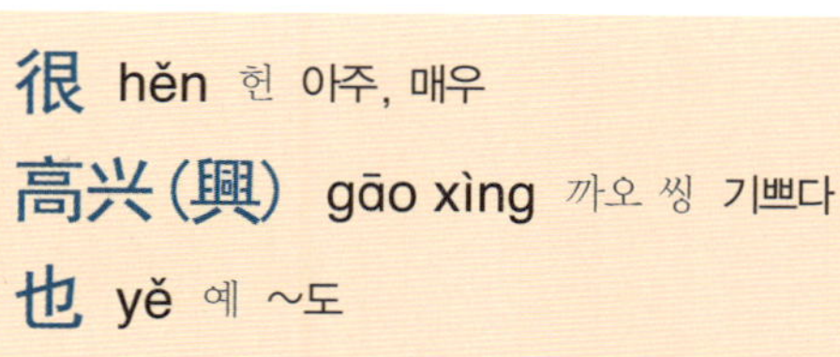

**很** hěn 헌 아주, 매우

**高兴(興)** gāo xìng 까오 씽 기쁘다

**也** yě 예 ~도

## 해설

· 叫 [jiào] (지아오) : 소개를 할 때는 이름 앞에 반드시 叫를 넣습니다. '~라고 부르다', '~라고 하다' 라는 뜻으로 다른 사람을 소개시킬 때도 이름 앞에 叫를 사용합니다. 叫는 '지아오'또는 '쟈오'로도 표기할 수 있습니다. 병음을 한글로 옮겨 적는다는 것이 무척 어렵고 또한 정확히 할 수도 없음을 말씀드립니다.

我叫○○○ [wǒ jiào] (워 지아오) : 이처럼 我叫 뒤에 이름을 넣으면 '저는 ○○○라고 합니다.' 라고 자신을 소개하는 말이 됩니다.

· 认识 [rèn shi] (런 스) : '알다', '인식하다'라는 뜻으로 사람을 처음 만나 알게 되었을 때 하는 인사말입니다. 주로,

认识你很高兴。(런 스 니 헌 까오 씽) [Rèn shi nǐ hěn gāo xìng.] 당신을 알게 되어 매우 기쁩니다.

'알다'라는 뜻의 知道 (즈 다오) [zhī dào]는 '가는 길을 알다'라거나 어떤 일이나 사건을 알 때 씁니다.

这个知道吗? (쯔어 거 즈 다오 마) [Zhè ge zhī dào ma?] 이것 압니까?

※ [zhī] 즈 발음이 권설음이라 '즈'와 '쯔' 중간 발음으로 합니다.

· 很 [hěn] (헌) : '매우', '대단히', '잘'의 뜻으로 '좋다'라고 할 때도 습관적으로 很을 붙여 很好 (헌 하오) [hěn hǎo]를 자주 사용합니다.

很好吃。(헌 하오 츠) [Hěn hǎo chī.] 아주 맛있습니다.

韩国的料理很好吃。(한 구어 더 리아오 리 헌 하오 츠) [Hán guó de liào lǐ hěn hǎo chī.]
한국의 요리는 아주 맛있다.

## 응용 회화

워 라이 지에 샤오 이 시아
A : 我来介绍一下。 Wǒ lái jiè shào yí xià. 제가 소개를 하겠습니다.

쯔어 웨이 스 워 더 라오 스
这位是我的老师。
Zhè wèi shì wǒ de lǎo shī. 이 분은 저의 선생님이십니다.

니 하오 워 씽 왕 지아오 왕 밍
B : 你好! 我姓王，叫王明。
Nǐ hǎo! Wǒ xìng wáng, jiào wáng míng.
안녕하세요! 저는 왕명이라고 합니다.

니 하오 왕 라오 스 런 스 닌 헌 까오 씽
C : 你好! 王老师,认识您很高兴。
Nǐ hǎo! Wáng lǎo shī rèn shi nín hěn gāo xìng.
안녕하세요! 왕 선생님, 알게 되어 매우 기쁩니다.

쯔어 웨이 스 쉐이
A : 这位是谁? Zhè wèi shì shéi. 이 분은 누구세요?

쯔어 웨이 스 워 더 평 여우 타 스 베이 징 런
B : 这位是我的朋友, 他是北京人。
Zhè wèi shì wǒ de péng you, Tā shì Běi jīng rén.
내 친구인데, 그는 북경 사람입니다.

### 새 단어

**来(來)** lái 라이
① 동사 앞에서 적극적인 어감을 나타냄 ② 오다

**介绍(紹)** jiè shào 지에 샤오 소개하다

**一下** yí xià 이 시아(샤) 좀 ~하다

**位** wèi 웨이 분

**是** shì 스 ~이다

**的** de 더 (접속사) ~의

**老师(師)** lǎo shī 라오 스 선생님

**姓** xìng 씽 성씨, 성이 ~이다

**北京** Běi jīng 베이 징 북경

## 해설

- 来(來) 라이 [lái] : 원래 '오다'라는 동사인데 여기서는 다른 동사 앞에 와서 적극적인 어감, 즉 '좀 ~해 보겠다'라는 의미로 쓰입니다.

  你来看一下。(니 라이 칸 이 시아) [Nǐ lái kàn yí xià.] 당신이 와서 좀 보세요.

- 一下 (이 시아) [yí xià] : 동사 뒤에 쓰여 '좀 ~해 보다'라는 뜻입니다.

  我看一下。(워 칸 이 시아) [Wǒ kàn yí xià.] 제가 좀 보겠습니다.

- 位 (웨이) [wèi] : 一位 [yí wèi]는 '한 분'이라는 존중의 의미입니다.

  这位 (쯔어 웨이) [zhè wèi] 이 분　那位 (나 웨이) [nà wèi] 저 분

- 是 (스) [shì] : '~이다'라는 뜻의 동사입니다. 우리말과 중국어는 어순이 달라서 처음 배우는 분들이 틀리기 쉽고, 말할 때 자꾸 빠뜨리게 되는 것이 바로 동사입니다.

  중국어의 어순은 这(쯔어) 是(스) 书(수)　※ 자세한 설명은 50p를 참고하세요.
  　　　　　　　　이것은 이다 책

  这是书。(쯔어 스 수) [Zhè shì shū] 이것은 책이다.

- 的 (더) [de] : 우리말의 '~의', '~한', '~것'에 해당합니다.

  我的 (워 더) [wǒ de] 내 것

  我的书 (워 더 수) [wǒ de shū] 내 책

  老师的手机 (라오 스 더 셔우 지) [lǎo shī de shǒu jī] 선생님의 핸드폰

## ★ 중국어 기본 어순

중국어의 기본 문장 구조는 주어, 술어, 목적어의 순서로 되어 있습니다. 술어란 우리말의 '~다'로 끝나는 품사에 해당하는데, 동사 술어와 명사 술어 · 형용사 술어가 있습니다.

워 취 쉬에 샤오
我 + 去 + 学校 [wǒ qù xué xiào] 나는 + 갑니다 + 학교에
주어 술어 목적어

• 동사 술어문 : 동사나 동사구가 술어를 이루는 문장입니다.

〈긍정〉 我去医院。(워 취 이 위엔) [Wǒ qù yī yuàn.] 나는 병원에 간다

〈부정〉 我不去医院。(워 부 취 이 위엔) [Wǒ bú qù yī yuàn.] 나는 병원에 가지 않는다.

〈의문〉 你去医院吗? (니 취 이 위엔 마) [Nǐ qù yī yuàn ma?] 너는 병원에 가니?

• 형용사 술어문 : 형용사나 형용사구가 직접 술어를 이루는 문장입니다.

〈긍정〉 我很累。(워 헌 레이) [Wǒ hěn lèi.] 나는 매우 힘들어.

〈부정〉 我不忙。(워 부 망) [Wǒ bù máng.] 나는 바쁘지 않다.

〈의문〉 你累吗? (니 레이 마) [Nǐ lèi ma?] 너는 힘드니?

你忙吗? (니 망 마) [Nǐ máng ma?] 너는 바쁘니?

• 명사 술어문 : 명사나 명사구, 수량사 등이 직접 술어를 이루는 문장을 명사 술어문이라 합니다. 긍정문에는 是(스) [shì] 를 사용하지 않고, 부정은 명사술어 앞에 不是(부 스) [bú shì] 를 넣어 동사 술어문을 만듭니다.

明天星期一。(밍 티엔 씽 치 이) [Míng tiān xīng qī yī.] 내일은 월요일입니다.

明天不是星期一。(밍 티엔 부 스 씽 치 이) [Míng tiān bú shì xīng qī yī.] 내일은 월요일이 아닙니다.

(※ 不의 성조 변화는 P.57 참조)

练习题

## 평가 테스트

### 괄호 안을 채워서 문장을 완성하세요.

1. 나는 학생입니다.　我(＿＿＿)学生。
2. 이 분은 선생님입니다.　这(＿＿＿)是老师。
3. 제가 좀 소개를 하겠습니다.　我(＿＿＿)介绍一下。
4. 잘 지내셨습니까?　你好(＿＿＿)?

### 병음을 써 보세요.

例　我 나 ( wǒ )

5. 来 오다 (＿＿＿)
6. 一下 좀 ~하다 (＿＿＿)
7. 你好。 안녕하세요. (＿＿＿)
8. 老师 선생님 (＿＿＿)
9. 很 매우 (＿＿＿)

| | | | | |
|---|---|---|---|---|
| 1. 是 | 2. 位 | 3. 来 | 4. 吗 | 5. lái |
| 6. yí xià | 7. nǐ hǎo | 8. lǎo shī | 9. hěn | |

## 번체자 · 간체자 쓰기

| 번체자 | 간체자 | |
|---|---|---|
| 認<br>알 인 | 认<br>rèn<br>런 | 认 认 认 认<br>认 |
| 識<br>알 식 | 识<br>shí<br>스 | 识 识 识 识 识 识 识<br>识 |
| 興<br>일 흥 | 兴<br>xìng<br>씽 | 兴 兴 兴 兴 兴 兴<br>兴 |
| 來<br>올 래 | 来<br>lái<br>라이 | 来 来 来 来 来 来 来<br>来 |

런 스
认识 알다
rèn shi

스 비에
识别 식별하다
shí bié

까오 씽
高兴 기쁘다
gāo xìng

추 라이
出来 나오다
chū lái

| 번체자 | 간체자 | |
|---|---|---|
| 紹<br>이을 소 | 绍<br>shào<br>샤오 | 绍 绍 绍 绍 绍 绍 绍 绍<br>绍 |
| 課<br>공부할 과 | 课<br>kè<br>커 | 课 课 课 课 课 课 课 课 课 课<br>课 |

## ▶ 인사말 써 보기

| 你好。 nǐ hǎo. 안녕하세요. | 再见。 zài jiàn. 잘 가세요. |
|---|---|
| | |
| | |
| 早上好。 zǎo shang hǎo. 아침 인사 | 晚上好。 wǎn shang hǎo. 저녁 인사 |
| | |
| | |

지에 샤오
介绍 소개하다
jiè shào

샹 크어
上课 수업하다
shàng kè

# 住宅 [zhù zhái] 주 쟈이 주택

▶ 窗户 [chuāng hu] 창문 (추왕 후)

▶ 房间 [fáng jiān] 방 (팡 지엔)

▶ 客厅 [kètīng] 거실 (커 팅)

▶ 厨房 [chú fáng] 주방, 부엌 (추 팡)

▶ 院子 [yuàn zi] 마당 (위엔 즈)

▶ 楼梯 [lóu tī] 계단 (러우 티)

팡 딩
▶ 房顶 [fáng dǐng] 지붕

치앙 삐
▶ 墙壁 [qiáng bì] 벽

먼
▶ 门 [mén] 문

쩡 먼
▶ 正门 [zhèng mén] 현관

처 쿠
▶ 车库 [chē kù] 차고

씬 시앙
▶ 信箱 [xìn xiāng] 우편함

# DAY 03 당신은 학생입니까?

## 기본 회화

A: 你是学生吗?
(니 스 쉬에 셩 마)
Nǐ shì xué sheng ma? 당신은 학생입니까?

B: 是。我是大学生。
(스 워 스 따 쉬에 셩)
Shì. Wǒ shì dà xué shēng. 네. 저는 대학생입니다.

A: 他是医生吗?
(타 스 이 셩 마)
Tā shì yī shēng ma? 그는 의사입니까?

B: 不。他是老师。
(뿌 타 스 라오 스)
Bù. Tā shì lǎo shī. 아니오. 그는 선생님입니다.

### 새 단어

**学生(學)** xué sheng 쉬에 셩 학생
(学 xué : 발음이 '쉐'에 가깝게 위에를 뛰어 읽지 않도록 합니다.)

**吗(嗎)** ma 마 ~까? ~요?

**大** dà 따 ('다'와 '따' 사이 발음) 크다

**他** tā 타 그(남자), **她** tā 타 그(여자)

**医生(醫)** yī shēng 이 셩 의사
(eng 발음 '으엉(엉)'인데 '성'보다 '셩'에 가깝습니다)

**不** bù 뿌 ('부'와 '뿌' 사이 발음) 아니다

**老师(師)** lǎo shī 라오 스 선생님

## 해설

- 마
吗 [ma] : 의문조사 '~까?'에 해당하는 말로 문장 끝에서 묻는 말이 됩니다. 성조는 경성(輕聲)으로 짧게 읽습니다. 예를 들면

  요우 마
  有吗? [Yǒu ma] 있습니까?
  취 마
  去吗? [Qù ma] 갑니까?
  니 하오 마
  你好吗? [Nǐ hǎo ma?] 당신 잘 지내요?

- 뿌
不 [bù] : 아니 불, '아니다'의 뜻으로 동사나 형용사의 앞에 쓰여 부정을 나타냅니다.
  뿌 라이
  不来。[Bù lái.] 오지 않는다.
  뿌 츠
  不吃。[Bù chī.] 먹지 않는다.
  뿌 쓰
  不是。[Bú shì.] ('부'와 '뿌'는 중간 발음) 아닙니다.
  뿌 망
  不忙。[Bù máng.] 바쁘지 않아요.

- 타
他 [tā] : '그 사람'을 가르킬 때 사용합니다. 그녀를 일컬을 때는 타 她 [tā]이고, 물건이나 동물을 가르키는 그것은 타 它 [tā]로 구분하여 사용합니다.

### Tip 不의 성조 변화

不는 원래 4성인데, 不 뒤에 제4성이 올 경우 **제2성**으로 읽습니다.

예 不去。bú qù. 뿌 취 가지 않는다.
不是。bú shì. 뿌 스 아닙니다.
不看。bú kàn. 뿌 칸 보지 않는다.

不 bù (4성) + 去 qù (4성) → bú qù

## 응용 회화

니 빠 바 스 따이 푸 마
A : 你爸爸是大夫吗?
Nǐ bà ba shì dài fu ma?
당신의 아버지는 의사이십니까?

스 워 빠 바 스 따이 푸
B : 是。我爸爸是大夫。
Shì. Wǒ bà ba shì dài fu.
네. 저의 아버지는 의사이십니다.

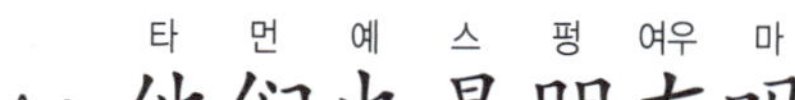

타 먼 예 스 펑 여우 마
A : 他们也是朋友吗?
Tā men yě shì péng you ma? 그들도 친구입니까?

부 스 타 먼 떠우 스 꿍 쓰 즈 위엔
B : 不是。他们都是公司职员。
Bú shì. Tā men dōu shì gōng sī zhí yuán.
아니오. 그들은 모두 회사 직원입니다.

### 새 단어

爸爸 bà ba 빠 바 아버지
大夫 dài fu 따이 푸 의사
也 yě 예 ~도
朋友 péng you 펑 여우 친구
们 men 먼 ~들(복수)
都 dōu 떠우('떠우'와 '또우'의 중간음) 모두, 다
公司职员(職員) gōng sī zhí yuán 꿍 쓰 즈 위엔 회사 직원 (公司 : '꿍쓰'와 '꽁쓰'의 중간음)

## 해설

따이 푸
• 大夫 [dài fu] : 大의 발음이 '따'가 '따이'로 발음됨에 주의해야 합니다. 예전에 '따푸' 라는 벼슬 이름이 있어서 '따이'로 발음되었다고 합니다. 大夫(따이 푸)는 医生(이 셩)과 마찬가지로 '의사'라는 뜻입니다. 夫(푸) 발음이 영어의 f 발음임에 주의합니다.

먼
• 们 [men] : '~들'이라는 뜻입니다. 사람을 나타내는 명사[我(워) (나), 你(니) (너), 他(타) (그), 人(런) (사람), 朋友(펑 여우) (친구)] 뒤에 쓰여 복수를 나타냅니다.

워 먼
我们 [wǒ men] 우리들

타 먼
他们 [tā men] 그들

타 먼
她们 [tā men] 그녀들

따이 푸 먼
大夫们 [dài fu men] 의사들

예
• 也 [yě] : '~도', '~도 또한'이라는 의미입니다. 주로 다른 사람의 동작을 나도 반복할 때 쓰이므로 동사 앞에 와서

워 예 취
我也去。[Wǒ yě qù.] 나도 갑니다.

타 예 라이
他也来。[Tā yě lái.] 그도 옵니다.

떠우
• 都 [dōu] : 우리말의 '모두', '다'에 해당되는 단어입니다. 우리는 '도읍 도', '모두 도' 두 가지 뜻으로 쓰이고 중국어에서는 '모두 도'자로 주로 쓰입니다.

워 먼 떠우 취
我们都去。[Wǒ men dōu qù.] 우리들은 모두 갑니다.

타 먼 떠우 스 쉬에 셩
他们都是学生。[Tā men dōu shì xué sheng.] 그들은 모두 학생입니다.

※ 위에서처럼 都(떠우) 앞에는 복수가 옵니다.

## 번체자 · 간체자 쓰기

| 번체자 | 간체자 | |
|---|---|---|
| 醫<br>의원 의 | 医<br>yī<br>이 | 医 医 医 医 医 医 医<br>医 |
| 嗎<br>의문조사 마 | 吗<br>ma<br>마 | 吗 吗 吗 吗 吗 吗 吗<br>吗 |
| 學<br>배울 학 | 学<br>xué<br>쉬에 | 学 学 学 学 学 学 学<br>学 |
| 東<br>동녘 동 | 东<br>dōng<br>똥 | 东 东 东 东 东<br>东 |

医生 (이 셩) 의사 yī shēng
吗 (마) ~까? ma
学生 (쉬에 셩) 학생 xué sheng
东西 (똥 시) 물건 dōng xi

| 번체자 | 간체자 | |
|---|---|---|
| 職<br>직분 직 | 职<br>zhí<br>즈 | 职 职 职 职 职 职 职 职 职 职 职<br>职 |
| 員<br>수효 원 | 员<br>yuán<br>위엔 | 员 员 员 员 员 员 员<br>员 |
| 們<br>들 문 | 们<br>men<br>먼 | 们 们 们 们 们<br>们 |
| 書<br>글 서 | 书<br>shū<br>수 | 书 书 书 书<br>书 |

즈 위엔
职员 직원
zhí yuán

쇼우 후어 위엔
售货员 판매원
shòu huò yuán

워 먼
我们 우리들
wě men

수 디엔
书店 서점
shū diàn

# 房间 [fáng jiān] 팡 지엔 방

▶ 书柜 (슈 꾸이) [shū guì] 책장

▶ 书 (슈) [shū] 책

▶ 床 (추앙) [chuáng] 침대

▶ 电话 (띠엔 화) [diàn huà] 전화

▶ 空调 (쿵 티아오) [kōng tiáo] 에어컨

▶ 手机 (셔우 지) [shǒu jī] 핸드폰

▶ 挂钟 [guà zhōng] 벽시계
(꽈 쭝)

▶ 电脑 [diàn nǎo] 컴퓨터
(띠엔 나오)

▶ 桌子 [zhuō zi] 책상
(쭈어 즈)

▶ 椅子 [yǐ zi] 의자
(이 즈)

▶ 收音机 [shōu yīn jī] 라디오
(셔우 인 지)

**괄호 안에 공통으로 들어갈 동사는?**

1. 我(____)学生　나는 학생입니다.

2. 他(____)老师　그는 선생님입니다.

▶ '~이다'라는 동사입니다. 어순이 우리와 다르기 때문에 처음 중국어를 배우는 분들이 틀리기 쉽습니다. 우리말은 '나는+학생+입니다'가 중국어는 '나는+입니다+학생'

**해석을 하세요.**

3. 他 tā 타 (________)

4. 我 wǒ 워 (________)

5. 你 nǐ 니 (________)

6. 大夫 dài fu 따이 푸 (________)

7. 他们 tā men 타 먼 (________)

8. 吗 ma 마 (________)

9. 不是 bú shì 부 스 (________)

| | | | | |
|---|---|---|---|---|
| 1. 是 | 2. 是 | 3. 그 | 4. 나 | 5. 너, 당신 |
| 6. 의사 | 7. 그들 | 8. ~까 | 9. 아니오 | |

# 이것은 무엇입니까?

## 기본 회화

A: 这是什么? (쯔어 스 션 머)
Zhè shì shén me? 이것은 무엇입니까?

B: 这是手机。 (쯔어 스 셔우 지) Zhè shì shǒu jī. 이것은 핸드폰입니다.

A: 那是什么? (나 스 션 머) Nà shì shén me? 저것은 무엇입니까?

B: 那是钱包。 (나 스 치엔 빠오) Nà shì qián bāo 저것은 돈지갑입니다.

A: 这是王明, 他是老师, 那是他的儿子。 (쯔어 스 왕 밍 타 스 라오 스 나 스 타 더 얼 즈)
Zhè shì wáng míng, tā shì lǎo shī, nà shì tā de ér zi.
이 분은 왕명입니다. 그는 선생님이고, 저 아이는 그의 아들입니다.

今年7岁, 很聪明。 (찐 니엔 치 수에이 헌 총 밍)
Jīn nián qī suì, hěn cōng ming 올해 7살이고, 아주 똑똑합니다.

### 새 단어

**这** zhè 쯔어 이, 이것
('쯔어'를 붙여 읽으면 '쩌'가 됩니다. zh 즈, e 으어, zhe 즈어가 쩌로 가깝게 발음합니다.)

**什么** shén me 션 머 무엇

**手** shǒu 셔우 손
('셔우'와 '쇼우' 사이음. ou '어우'와 '오우' 중간음이므로 '셔우'로 가장 가깝게 적습니다.)

**手机** shǒu jī 셔우 지 핸드폰

**那** nà 나 저, 저것

**钱(錢)** qián 치엔 돈
('치앤'을 붙여 읽다 보면 '챈'에 가깝게 소리냅니다.)

**包** bāo 빠오 가방

**钱包** qián bāo 치엔 빠오 돈지갑

**岁** suì 수에이 살, 세(歲)

**聪明** cōng ming 총밍 총명하다(聰)

## 해설

- 쯔어
这 [zhè] : '이', '이것'의 뜻으로 사물뿐만 아니라 사람도 가르킵니다. 곁에 있는 사물을 소개할 때나 '이 사람'이라고 지칭할 때도 사용합니다.

쯔어 스 셔우 지
这是手机。[Zhè shì shǒu jī.] 이것은 핸드폰입니다.

쯔어 스 워 마 마
这是我妈妈。[Zhè shì wǒ mā ma.] 이 분은 저의 어머니입니다.

- 션 머
什么 [shén me] : '무엇', '무슨'의 뜻을 나타내는 의문사입니다.

쯔어 스 션 머
这是什么? [Zhè shì shén me?] 이것은 무엇입니까?

※ 이 때에 의문사 吗? [ma]는 쓰지 않음에 주의합니다. 우리말은 '무엇', '~까?'를 같이 쓰는데 중국어는 의문사 한 단어만 사용합니다. 什么도 마찬가지로 문장 끝에 吗를 쓰지 않습니다.

쯔어 스 션 머 수
这是什么书? [Zhè shì shén me shū?] 이것은 무슨 책입니까?

- 나
那 [nà] : 가까운 것이 这 [zhè]이면 먼 것은 那 [nà]를 사용합니다.

나 스 치엔 빠오
那是钱包。[Nà shì qián bāo.] 저것은 지갑입니다.

나 스 워 빠 바
那是我爸爸。[Nà shì wǒ bà ba.] 저 분은 저의 아버지입니다.

| 가까운 것 | | 먼 것 | | 의문(어느 것) | |
|---|---|---|---|---|---|
| 这 [zhè] 쯔어 | 이 | 那 [nà] 나 | 저 | 哪 [nǎ] 나 | 어느 |
| 这儿 [zhèr] 쯔얼 | 여기 | 那儿 [nàr] 날 | 저기 | 哪儿 [nǎr] 날 | 어디? |
| 这个 [zhè ge] 쯔어 거 | 이 것 | 那个 [nà ge] 나 거 | 저 것 | 哪个 [nǎ ge] 나 거 | 어느 것 |
| 这个人 [zhè ge rén] 쯔어 거 런 | 이 사람 | 那个人 [nà ge rén] 나 거 런 | 저 사람 | 哪个人 [nǎ ge rén] 나 거 런 | 어느 사람 |
| 这么 [zhè me] 쯔어 머 | 이러면, 이렇게 | 那么 [nà me] 나 머 | 그러면, 그렇게 | | |
| 这些 [zhè xiē] 쯔어 씨에 | 이것들 | 那些 [nà xiē] 나 씨에 | 저것들 | 哪些 [nǎ xiē] 나 씨에 | 어느(복수) 어떤 |

※ 어떻게 : 怎么 [zěn me] 쩐 머

## 응용 회화

A: 这是你的自行车吗?
(쩌 스 니 더 쯔 씽 처 마)
Zhè shì nǐ de zì xíng chē ma?
이것은 당신의 자전거입니까?

B: 是。这是我的自行车。
(스 쩌 스 워 더 쯔 씽 처)
Shì. Zhè shì wǒ de zì xíng chē.
네. 이것은 저의 자전거입니다.

A: 那么那个红色的自行车是谁的?
(나 머 나 거 홍 써 더 쯔 씽 처 스 쉐이 더)
Nà me nà ge hóng sè de zì xíng chē shì shuí de?
그러면 저기 빨간색 자전거는 누구의 것입니까?

B: 那是我妈妈的自行车。
(나 스 워 마 마 더 쯔 씽 처)
Nà shì wǒ mā ma de zì xíng chē. 그것은 저의 엄마 자전거입니다.

A: 那也是你的车吗?
(나 예 스 니 더 처 마)
Nà yě shì nǐ de chē ma? 저것도 당신의 차입니까?

B: 不是。那是哥哥的。
(부 스 나 스 끄어 거 더)
Bú shì. Nà shì gē ge de. 아니오. 저것은 형의 것입니다.

### 새 단어

车 chē 처 차
自行车 zì xíng chē 쯔 씽 처 자전거
那么 nà me 나 머 그러면
红 hóng 홍 붉다
哥哥 gē ge 끄어 거 형, 오빠

## 해설

· 的 [de]

① 소유 관계를 나타내는 '~의'로 쓰입니다.

我的书 [wǒ de shū] 나의 책
哥哥的衣服 [gē ge de yī fu] 형의 옷
我的朋友 [wǒ de péng you] 나의 친구

② '~한'으로 명사를 꾸며줍니다.

很贵的衣服 [hěn guì de yī fu] 아주 비싼 옷
我买的书 [wǒ mǎi de shū] 내가 산 책

③ 동사나 형용사, 인칭명사 뒤에 쓰여서 '~것'이라는 뜻입니다.

吃的 [chī de] 먹는 것
用的 [yòng de] 쓰는 것
爸爸的 [bà ba de] 아빠의 것
红的 [hóng de] 빨간 것
长的 [cháng de] 긴 것
我的 [wǒ de] 내 것

④ 우리말처럼 중국어에서도 '~의'가 생략되는 경우가 있습니다. 나의 아빠, 나의 친구, 우리 학교처럼 인칭대명사가 가족이나 친구 또는 단체를 꾸밀 때에는 的를 생략할 수 있습니다.

我朋友 [wǒ péng you] 나의 친구 (내 친구) = (我的朋友)
我妈妈 [wǒ mā ma] 나의 어머니 (우리 엄마) = (我的妈妈)
我们学校 [wǒ men xué xiào] 우리 학교 = (我们的学校)

练习题

## 평가 테스트

### 빈 칸에 알맞은 말을 넣으세요.

1. 这(_____)你的自行车吗? 이것은 당신의 자전거입니까?
2. 是。这是我(_____)自行车。 네. 이것은 저의 자전거입니다.
3. 那(_____)是你的车吗? 저것도 당신의 차입니까?
4. 这是(_____)? 이것은 무엇입니까?
5. (_____)是钱包。 저것은 지갑입니다.

### 병음에 알맞은 한자를 쓰세요.

6. shǒu jī (_____) 핸드폰
7. zì xíng chē (_____) 자전거
8. zhè (_____) 이것
9. nà (_____) 저것
10. shén me (_____) 무엇
11. yě (_____) ~도
12. shì (_____) ~이다

| | | | | |
|---|---|---|---|---|
| 1. 是 | 2. 的 | 3. 也 | 4. 什么 | 5. 那 |
| 6. 手机 | 7. 自行车 | 8. 这 | 9. 那 | 10. 什么 |
| 11. 也 | 12. 是 | | | |

## 번체자 · 간체자 쓰기

| 번체자 | 간체자 | |
|---|---|---|
| 機<br>틀 기 | 机<br>jī<br>지 | 机 机 机 机 机 机<br>机 |
| 錢<br>돈 전 | 钱<br>qián<br>치엔 | 钱 钱 钱 钱 钱 钱 钱 钱 钱 钱<br>钱 |
| 車<br>수레 차 | 车<br>chē<br>처 | 车 车 车 车<br>车 |
| 長<br>길 장 | 长<br>cháng<br>창 | 长 长 长 长<br>长 |

手机 (셔우 지) 핸드폰 shǒu jī

钱包 (치엔 빠오) 돈지갑 qián bāo

自行车 (쯔 씽 처) 자전거 zì xíng chē

长途 (창 투) 장거리 cháng tú

| 번체자 | 간체자 | |
|---|---|---|
| 紅<br>붉을 홍 | 红<br>hóng<br>홍 | 红 红 红 红 红 红<br>红 |
| 談<br>말씀 담 | 谈<br>tán<br>탄 | 谈 谈 谈 谈 谈 谈 谈 谈 谈 谈<br>谈 |
| 這<br>이 저 | 这<br>zhè<br>쯔어 | 这 这 这 这 这 这<br>这 |
| 華<br>빛날 화 | 华<br>huá<br>후아 | 华 华 华 华 华 华<br>华 |

红色 홍색 (홍 써) hóng sè

谈话 이야기하다 (탄 화) tán huà

这个 이것 (쯔어 거) zhè ge

华丽 화려하다 (후아 리) huá lì

# 客厅 [kè tīng] 커 팅 거실

추왕 리엔
▶ 窗帘 [chuāng lián] 커튼

띠엔 스
▶ 电视 [diàn shì] 텔레비전

차 지
▶ 茶几 [chá jī] 테이블 탁자

야오 쿵 치
▶ 遥控器 [yáo kòng qì] 리모컨

라 지 샹
▶ 垃圾箱 [lā jī xiāng] 쓰레기통

▶ DVD [DVD] 디브이디 (디 비 디)

▶ 日历 [rì lì] 달력 (르 리)

▶ 报纸 [bào zhǐ] 신문 (빠오 즈)

▶ 吸尘器 [xī chén qì] 청소기 (시 천 치)

▶ 沙发 [shā fā] 소파 (샤 파)

▶ 地毯 [dì tǎn] 카펫 (띠 탄)

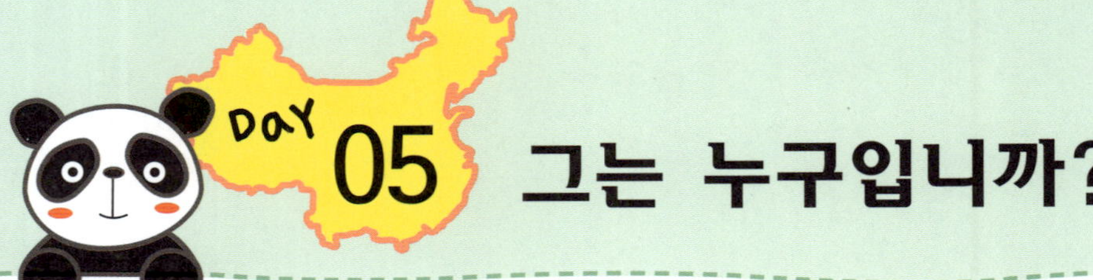


# DAY 05 그는 누구입니까?

## 기본 회화

A : 他是谁? (타 스 쉐이) Tā shì shuí? 그는 누구예요?

B : 他是公司经理。(타 쓰 꽁 쓰 찡 리)
Tā shì gōng sī jīng lǐ. 그는 회사 사장입니다.

A : 她是不是歌手? (타 스 부 스 끄어 셔우)
Tā shì bu shì gē shǒu? 그녀는 가수입니까, 아닙니까?

B : 她不是歌手。(타 부 스 끄어 셔우) Tā bú shì gē shǒu. 그녀는 가수가 아닙니다.

A : 那边走来的人是谁? (나 비엔 쩌우 라이 더 런 스 쉐이)
Nà biān zǒu lái de rén shì shéi? 저기 걸어오는 사람은 누구입니까?

B : 他是我的好朋友。(타 스 워 더 하오 펑 여우)
Tā shì wǒ de hǎo péng you. 그는 나의 친한 친구입니다.

## 새 단어

- 是 shì 스 ~이다
- 公司 gōng sī 꽁 쓰 회사
- 经(經)理 jīng lǐ 찡 리 사장
- 歌 gē 끄어 노래
- 歌手 gē shǒu 끄어 셔우 가수
- 谁(誰) shuí / shéi 쉐이 누구
- 走 zǒu 쩌우 걷다
- 好朋友 hǎo péng you 하오 펑 여우 친한 친구

## 해설

- 谁 [shuí] : 우리말의 '누구?'에 해당하는 의문사입니다. 중국어의 일반 의문문은 우리말의 '~까?'에 해당되는 吗? [ma]가 붙는데, 谁가 사용된 문장에서는 什么 [shén me]와 마찬가지로 吗를 사용하지 않습니다.

  谁는 [shéi], [shuí]의 두 가지로 발음되는데, 구어에서는 주로 [shéi]로 발음하며, 谁는 주어 · 빈어(목적어) · 관형어가 될 수 있습니다.

  这是谁的手机? [Zhè shì shéi de shǒu jī] 이것은 누구의 핸드폰입니까?
  这是谁的? [Zhè shì shéi de] 이것은 누구의 것입니까?
  你是谁? [Nǐ shì shéi] 당신은 누구세요?
  这是谁买的? [Zhè shì shéi mǎi de] 이것은 누가 산 것입니까?
  这是谁买的书? [Zhè shì shéi mǎi de shū] 이것은 누가 산 책입니까?

일반의문문 : 这是雨伞吗? [Zhè shì yǔ sǎn ma] 이것은 우산입니까?
의문대사의문문 : 他是谁? [Tā shì shuí] 그는 누구예요?
这是什么? [Zhè shì shén me] 이것은 무엇입니까?

의문대명사 : 谁 [shuí] 누구, 什么 [shén me] 무엇, 哪儿 [nǎr] 어디

정반의문문 : 긍정 + 부정의 형식으로 물어보는 의문문입니다. 우리말의 '가니? 안 가니?'와 같은 형태입니다.

형용사/동사 + 不 + 형용사/동사 = 去不去 [qù bu qù] 가니, 안 가니?
看不看 [kàn bu kàn] 보니, 안보니?

일반의문문인 去吗? [qù ma?] 가니? 看吗? [kàn ma?] 보니?와 같은 뜻입니다.

니 츠 부 츠
你吃不吃? [Nǐ chī bu chī?] 먹어, 안 먹어?

니 레이 부 레이
你累不累? [Nǐ lèi bu lèi?] 피곤해, 안 피곤해?

츠 마
吃吗? [chī ma?] 먹니?

레이 마
累吗? [lèi ma?] 피곤하니?

하오 부 하오 칸
好不好看? [hǎo bu hǎo kàn?] 예뻐, 안 예뻐?

하오 칸 마
好看吗? [hǎo kàn ma?] 예쁘니?

**Tip 不의 성조 변화**

不 [bù]는 원래 4성인데 정반의문문에서 사이에 오는 不는 경성으로 발음됨에 유의합니다. 문장 끝에 吗를 붙이지 않습니다.

니 으어 부 으어
你饿不饿? [Nǐ è bu è?] 너 배고프니, 안 고프니?

찐 티엔 렁 부 렁
今天冷不冷? [Jīn tiān lěng bu lěng?] 오늘 추워, 안 추워?

## 응용 회화

사진 속의 사람을 가르키며 물어 봅니다.

쯔어 거 런 스 쉐이
A: 这个人是谁?
Zhè ge rén shì shuí? 이 사람은 누구예요?

타 스 워 더 통 스
B: 他是我的同事。
Tā shì wǒ de tóng shì. 그는 나의 동료입니다.

장 더 여우 까오 여우 수와이 아
A: 长得又高又帅啊。
Zhǎng de yòu gāo yòu shuài a. 키도 크고 잘생겼네요.

시엔 더 헌 니엔 칭
显得很年轻。 Xiǎn de hěn nián qīng. 아주 젊어 보입니다.

나 거 런 스 쉐이
那个人是谁? Nà ge rén shì shuí? 저 사람은 누구예요?

타 스 워 짱 푸
B: 他是我丈夫。 Tā shì wǒ zhàng fu. 그는 제 남편입니다.

### 새 단어

这个 zhè ge 쯔어 거 이것, 이

人 rén 런 사람

同事 tóng shì 통 스 동료

长(長) zhǎng 장 생기다 / cháng 창 길다

显(顯) xiǎn 시엔 보이다

年轻 nián qīng 니엔 칭 젊다(輕)

那个 nà ge 나 거 저것, 저

谁(誰) shuí 쉐이 누구

丈夫 zhàng fu 짱 푸 남편

## 해설

- 쯔어 거 런
  这个人 [zhè ge rén] 이 사람
  나 거 런
  那个人 [nà ge rén] 저 사람
  나 거 런
  哪个人 [nǎ ge rén] 어느 사람
  워 더
  我的 [wǒ de] 나의 ~
  니 더
  你的 [nǐ de] 너의~
  타 더
  他的 [tā de] 그의~

- 스 부 스
  是 [shì]의 부정은 不是 [bú shì] 아니오.
  취 부 취
  去。[qù.] 가다. 不去。[bú qù.] 안 가다.
  츠 부 츠
  吃。[chī.] 먹다. 不吃。[bù chī.] 안 먹는다.
  칸 부 칸
  看。[kàn] 보다. 不看。[bú kàn] 안 본다.
  라이 부 라이
  来。[lái] 오다. 不来。[bù lái] 안 오다.

 괄호 안에 알맞은 단어를 골라 문장을 완성하세요.

| 不是，吗，是，谁 |
|---|

1. 这（______）我妈妈。 이 분은 저의 어머니입니다.
2. 他（______）我的同事。 그는 저의 동료가 아닙니다.
3. 她是（______）？ 그녀는 누구입니까?
4. 你是经理（______）？ 당신은 사장입니까?

병음에 알맞은 한자를 써 넣으세요.

5. shuí 누구（______）
6. tóng shì 동료（______）
7. gē shǒu 가수（______）
8. zhàng fu 남편（______）
9. gōng sī 회사（______）
10. qī zi 아내（______）
11. jīng lǐ 사장（______）

| | | | | |
|---|---|---|---|---|
| 1. 是 | 2. 不是 | 3. 谁 | 4. 吗 | 5. 谁 |
| 6. 同事 | 7. 歌手 | 8. 丈夫 | 9. 公司 | 10. 妻子 |
| 11. 经理 | | | | |

## 번체자 · 간체자 쓰기

| 번체자 | 간체자 | |
|---|---|---|
| 經<br>지날 경 | 经<br>jīng<br>찡 | 经 经 经 经 经 经 经 经<br>经 |
| 誰<br>누구 수 | 谁<br>shuí<br>쉐이 | 谁 谁 谁 谁 谁 谁 谁 谁 谁 谁<br>谁 |
| 餓<br>주릴 아 | 饿<br>è<br>으어 | 饿 饿 饿 饿 饿 饿 饿 饿 饿 饿<br>饿 |
| 鏡<br>거울 경 | 镜<br>jìng<br>찡 | 镜 镜 镜 镜 镜 镜 镜 镜 镜 镜 镜 镜 镜 镜 镜 镜<br>镜 |

经理 (찡 리) 사장 jīng lǐ
谁 (쉐이) 누구 shuí
饿死了 (으어 쓰 러) 배고파 죽겠다 è sǐ le
镜子 (찡 즈) 거울 jìng zi

| 번체자 | 간체자 | |
|---|---|---|
| 衛<br>지킬 위 | 卫<br>wèi<br>웨이 | 卫 卫 卫<br>卫 |
| 紙<br>종이 지 | 纸<br>zhǐ<br>즈 | 纸 纸 纸 纸 纸 纸<br>纸 |
| 風<br>바람 풍 | 风<br>fēng<br>펑 | 风 风 风 风<br>风 |
| 間<br>사이 간 | 间<br>jiān<br>지엔 | 间 间 间 间 间 间 间<br>间 |

卫生纸 (웨이 셩 즈) 화장지 wèi shēng zhǐ

纸条 (즈 티아오) 종이 쪽지 zhǐ tiáo

风筝 (펑 쩡) 연 fēng zheng

房间 (팡 지엔) 방 fáng jiān

# 浴室 [yù shì] 위 스 욕실

찡 즈
▸ 镜子 [jìng zi] 거울

추이 펑 지
▸ 吹风机
[chuī fēng jī] 헤어 드라이어

웨이 셩 즈
▸ 卫生纸
[wèi shēng zhǐ] 화장지

삐엔 치
▸ 便器 [biàn qì] 변기

▶ 浴池 위 츠 [yù chí] 욕조

▶ 洗发水 시 파 쉐이 [xǐ fà shuǐ] 샴푸

▶ 护发素 후 파 쑤 [hù fà sù] 린스

▶ 毛巾 마오 찐 [máo jīn] 수건

▶ 肥皂 페이 짜오 [féi zào] 비누

▶ 洗手间 시 셔우 지엔 [xǐ shǒu jiān] 화장실

▶ 牙刷 야 슈아 [yá shuā] 칫솔

▶ 牙膏 야 까오 [yá gāo] 치약

DAY 06

# 시계는 가방 안에 있어요

## 기본 회화

니 더 셔우 삐아오 짜이 나 알
A : 你的手表在哪儿?
Nǐ de shǒu biǎo zài nǎr? 너의 손목시계는 어디에 있니?

워 더 셔우 삐아오 짜이 빠오 리 비 알
B : 我的手表在包里边儿。
Wǒ de shǒu biǎo zài bāo lǐ bianr.
내 손목시계는 가방 안에 있어.

니 더 빠오 너
A : 你的包呢? Nǐ de bāo ne? 네 가방은?

짜이 쭤 즈 시아 비 알
B : 在桌子下边儿。 Zài zhuō zi xià bianr. 책상 아래쪽에 있어요.

수 빠오 리 비 알 하이 여우 션 머
A : 书包里边儿还有什么?
Shū bāo lǐ bianr hái yǒu shén me? 가방 안에 또 뭐가 들어 있어요?

여우 리앙 뻔 수 호어 뻔 즈
B : 有两本书和本子。
Yǒu liǎng běn shū hé běn zi. 책 두 권 하고 노트가 있습니다.

### 새 단어

手表 shǒu biǎo 셔우 삐아오 손목시계
在 zài 짜이 ~에 있다
哪儿 nǎr 나알 어디
包 bāo 빠오 가방
呢 ne 너 ~는요?(명사 뒤에 쓰여 생략형 의문조사)
桌子 zhuō zi 쭤 즈 책상

下边儿 xià bianr 시아 비엔 아래쪽(辺)
还有 hái yǒu 하이 여우 또
本 běn 뻔 권
里边儿 lǐ bianr 리 비 알 안쪽
什么 shén me 션 머 무엇
本子 běn zi 뻔 즈 노트

## 해설

짜이
- 在 [zài] : ~에 있다

  띠 디 짜이 지아
  弟弟在家。[Dì di zài jiā.] 동생이 집에 있습니다. 〈장소 앞에 위치〉

  수 짜이 나 알
  书在哪儿? [Shū zài nǎr?] 책은 어디에 있습니까? 〈장소 앞에 위치〉

  짜이 요우
  在 [zài] 외에 '있다'라는 뜻으로 쓰이는 또 하나의 단어는 有 [yǒu]가 있는데 '~가 있다' 뜻이다. 在와 有의 차이점에 주의합니다.

  워 요우 셔우 지
  我有手机。[Wǒ yǒu shǒu jī.] 나는 핸드폰이 있다.

  워 요우 띠 디
  我有弟弟。[Wǒ yǒu dìdi.] 나는 남동생이 있다.

  쭈어 즈 샹 비 알 여우 셔우 지
  桌子上边儿有手机。[Zhuō zi shàng bianr yǒu shǒu jī.]
  책상 위에 핸드폰이 있다.

  사람, 사물 + 在 + 장소 : ~은 ~에 있다

  장소 + 有 + 사람, 사물 : ~에는 ~가 있다

너
- 呢 [ne] : '~는요?'의 뜻으로 앞서 한 질문을 다시 되물을 때 쓰는 표현이다. 즉 우리말에서도 '나는 바쁜데 너는?'이라고 간략하게 말하듯이 중국어에서도 같은 질문은 생략한 채 묻습니다.

  니 너
  你呢? [Nǐ ne?] 너는?

  끄어 거 너
  哥哥呢? [Gē ge ne?] 형은요?

  워 헌 망 니 너
  我很忙。你呢? [Wǒ hěn máng, nǐ ne?] 나는 아주 바쁜데 너는?

  마 마 너
  妈妈呢? [Mā ma ne?] 엄마는?

## ★ 자주 쓰는 방위사

| | |
|---|---|
| 上边儿 [shàng bianr] 상 비 알 위쪽 | 下边儿 [xià bianr] 시아 비알 아래쪽 |
| 前边儿 [qián bianr] 치엔 비알 앞쪽 | 后边儿 [hòu bianr] 허우 비알 뒤쪽 |
| 里边儿 [lǐ bianr] 리 비알 안쪽 | 外边儿 [wài bianr] 와이 비알 바깥쪽 |
| 旁边儿 [páng biānr] 팡 비알 옆쪽 | |

· 边儿(비 알) [bianr] : 다른 방위사에서는 모두 경성으로 [shàng bianr, xià bianr] 발음되는데 옆쪽 旁边儿(팡 비 알)만 边儿(비 알)이 1성으로 발음됨을 주의합니다.

后边儿(허우 비 알) [hòu bianr]

뒤쪽

学校后边儿(쉬에 시아오 허우 비 알) [xué xiào hòu bianr]

학교 뒤쪽에

在学校后边儿。(짜이 쉬에 시아오 허우 비 알) [Zài xué xiào hòu bianr.]

학교 뒤쪽에 있다

银行在学校后边儿。(인 항 짜이 쉬에 쉬아오 허우 비 알) [Yín háng zài xué xiào hòu bianr.]

은행은 학교 뒤쪽에 있다

手机在桌子上边儿。(쇼우 지 짜이 쭈어 즈 샹 비 알) [Shǒu jī zài zhuō zi shàng bianr.]

핸드폰은 책상 위에 있다.

老师在我旁边儿。(라오 스 짜이 워 팡 비 알) [Lǎo shī zài wǒ páng biānr.]

선생님은 내 옆에 있다.

## 응용 회화

칭 원 씨 셔우 지엔 짜이 나 알
A : 请问，洗手间在哪儿?
Qǐng wèn, Xǐ shǒu jiān zài nǎr? 말씀 좀 묻겠습니다. 화장실이 어디에 있어요?

이 즈 왕 치엔 쩌우 찌우 스
B : 一直往前走就是。
Yì zhí wǎng qián zǒu jiù shì. 앞으로 쭉 가면 바로 있어요.

니 마 마 짜이 지아 마
A : 你妈妈在家吗?
Nǐ mā ma zài jiā ma? 너의 엄마, 집에 계시니?

워 마 마 부 짜이 지아
B : 我妈妈不在家。
Wǒ mā ma bú zài jiā. 우리 엄마는 집에 안 계세요.

타 추 취 러
她出去了。 Tā chū qu le. 나가셨어요.

### 새 단어

请问(請問) qǐng wèn 칭 원 말씀 좀 묻겠습니다.

洗手间 xǐ shǒu jiān 씨 셔우 지엔 화장실

哪儿 nǎr 나 알 어디

一直(直) yì zhí 이 즈 계속, 늘

往 wǎng 왕 ~쪽으로, ~을 향하여

前 qián 치엔 앞

走 zǒu 쩌우 가다, 걷다, 떠나다

就 jiù 찌우 바로, 곧

家 jiā 지아 집

不 bù 뿌 ~지 않다

出去 chū qu 추 취 나가다

去 qù 취 가다

了 le 러 ~했다(완료)

## 해설

· 请问 [qǐng wèn] : 다른 사람에게 무엇인가를 물어볼 때 쓰는 공손한 표현으로 물어보려는 말 앞에 씁니다. '실례합니다.'라는 뜻입니다.

· 往 [wǎng] : '~을 향하여'라는 뜻으로 동작의 방향을 나타내며, 뒤에 방향이나 장소가 쓰입니다.

往前走。[Wǎng qián zǒu.] 앞으로 가세요.
往右拐。[Wǎng yòu guǎi.] 우회전 하세요.

※ 拐 [guǎi] '돌다', '꺾다'라는 뜻으로 '방향을 바꾸다'라는 의미로도 쓰입니다.

· 不 [bù] : 동작이나 상태를 부정하는 부정사입니다.

他不来。[Tā bù lái] 그는 오지 않습니다.
我不忙。[Wǒ bù máng] 나는 바쁘지 않습니다.

※ 성조변화 不 뒤에 1, 2, 3성이 오면 그대로 4성으로 不 뒤에 4성이 오면 제2성으로 바뀝니다.

不看。[Bú kàn.] 보지 않습니다, 不是。[Bú shì.] 아닙니다.

· 了 [le] : 동작이나 상태의 완료를 나타냅니다. 일반적으로 동사의 바로 뒤에서 그 동사의 동작이 이미 완료되었거나 끝났음을 나타냅니다.

他回家了。[Tā huí jiā le.] 그는 집으로 돌아갔습니다.
我吃饭了。[Wǒ chī fàn le.] 저는 밥을 먹었습니다.

练习题

## 평가 테스트

### 괄호 안에 알맞은 단어를 골라 문장을 완성하세요.

在，不，往，呢，了，请问

1. 哥哥(______)学校。 형은 학교에 있습니다.
2. 弟弟(______)在学校。 동생은 학교 있지 않습니다.
3. 我去图书馆，你(______)? 나는 도서관에 가, 너는?
4. 一直(______)前走。 앞으로 쭉 가세요.
5. 爸爸去书店(______)。 아버지는 서점에 가셨어요.
6. (______)。银行在哪儿? 말씀 좀 묻겠습니다, 은행이 어디에 있어요?

### 병음에 알맞은 한자를 써 넣으세요.

7. (______) zài ~에 있다
8. (______) zhuō zi 책상
9. (______) jiā 집

### 한자에 맞은 병음을 써 넣으세요.

10. 手表 (________) 손목시계
11. 弟弟 (________) 남동생
12. 洗手间 (________) 화장실

| | | | | |
|---|---|---|---|---|
| 1. 在 | 2. 不 | 3. 呢 | 4. 往 | 5. 了 |
| 6. 请问 | 7. 在 | 8. 桌子 | 9. 家 | 10. shǒu biǎo |
| 11. dì di | 12. xǐ shǒu jiān | | | |

## 번체자 · 간체자 쓰기

| 번체자 | 간체자 | |
|---|---|---|
| 邊<br>가 변 | 边<br>biān<br>비엔 | 边 边 边 边<br>边 |
| 後<br>뒤 후 | 后<br>hòu<br>허우 | 后 后 后 后 后<br>后 |
| 請<br>청할 청 | 请<br>qǐng<br>칭 | 请 请 请 请 请 请 请 请 请 请<br>请 |
| 問<br>물을 문 | 问<br>wèn<br>원 | 问 问 问 问 问 问<br>问 |

身边 (션 비엔) 신변, 몸 shēn biān

后边儿 (허우 비 알) 뒤쪽 hòu bianr

请问 (칭 원) 실례합니다 qǐng wèn

问好 (원 하오) 안부를 묻다 wèn hǎo

| 번체자 | 간체자 | |
|---|---|---|
| 階<br>섬돌 계 | 阶<br>jiē<br>지에 | 阶 阶 阶 阶 阶 阶<br>阶 |
| 直<br>곧을 직 | 直<br>zhí<br>즈 | 直 直 直 直 直 直 直 直<br>直 |
| 裏<br>안 리 | 里<br>lǐ<br>리 | 里 里 里 里 里 里 里<br>里 |
| 喫<br>어눌할 흘 | 吃<br>chī<br>츠 | 吃 吃 吃 吃 吃 吃<br>吃 |

台阶 (타이 지에) 계단 tái jiē

一直 (이 즈) 계속 yì zhí

里边儿 (리 비 알) 안쪽 lǐ bianr

不吃 (부 츠) 안 먹는다 bù chī

# 用餐 [yòng cān] 용 찬 식사

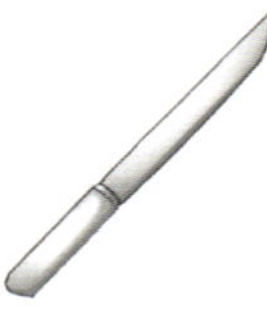

찬 따오
▶ 餐刀 [cān dāo] 나이프

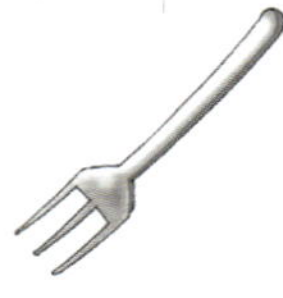

차 즈
▶ 叉子 [chā zi] 포크

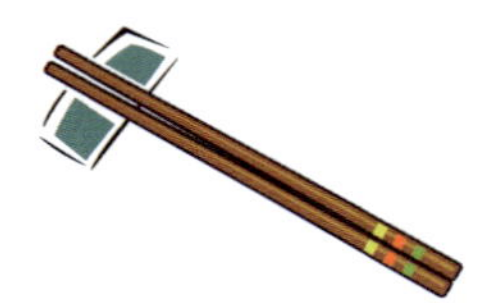

콰이 즈
▶ 筷子 [kuài zi] 젓가락

츠 즈
▶ 匙子 [chí zi] 숟가락

뻬이 즈
▶ 杯子 [bēi zi] 컵

옌
▶ 盐 [yán] 소금

꾸오 즈
▶ 果汁 [guǒ zhī] 주스

탕
▶ 糖 [táng] 설탕

니우 나이
▶ 牛奶 [niú nǎi] 우유

지 단
▶ 鸡蛋 [jī dàn] 계란

차이 딴
▶ 菜单 [cài dān] 메뉴

카 페이
▶ 咖啡 [kā fēi] 커피

미엔 빠오
▶ 面包 [miàn bāo] 빵

판
▶ 饭 [fàn] 밥

샤 라
▶ 沙拉 [shā lā] 샐러드

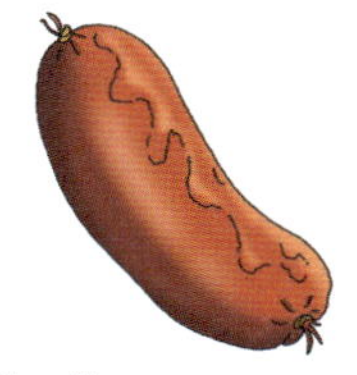

비 싸 삥
▶ 比萨饼 [bǐsà bǐng] 피자

한 바오 빠오
▶ 汉堡包 [hàn bǎo bāo] 햄버거

싼 밍 즈
▶ 三明治 [sān míng zhì] 샌드위치

니우 파이
▶ 牛排 [niúpái] 스테이크

시앙 창
▶ 香肠 [xiāng cháng] 소시지

# DAY 07 이것 맛있어요?

## 기본 회화

A: 这个好吃吗? (쯔어 거 하오 츠 마)
Zhè ge hǎo chī ma? 이것 맛있어요?

B: 这个很好吃。(쯔어 거 헌 하오 츠)
Zhè ge hěn hǎo chī. 이것은 아주 맛있어요.

C: 这个不太好吃。(쯔어 거 부 타이 하오 츠)
Zhè ge bú tài hǎo chī. 이건 그다지 맛있지 않아요.

A: 你饿不饿? (니 으어 부 으어) Nǐ è bu è? 배고프니, 배고프지 않니?

B: 我不饿。(워 부 으어) Wǒ bú è. 나는 배고프지 않아.

A: 人多吗? (런 뚜어 마) Rén duō ma? 사람이 많아요?

B: 人很多。(런 헌 뚜어) Rén hěn duō. 사람이 아주 많아요.

C: 有点儿多。(요우 디 알 뚜어) Yǒu diǎnr duō. 조금 많아요.

### 새 단어

- 好吃 hǎo chī 하오 츠 맛있다
- 不太 bú tài 부 타이 그다지 ~하지 않다
- 饿(餓) è 으어 배고프다
- 有点儿 yǒu diǎnr 요우 디 알 조금(點)

## 해설

- 不太 [bú tài] : 형용사 앞에 놓여 '그다지 ~하지 않다'라는 뜻으로 형용사의 상태의 정도를 나타냅니다.

  부 타이 망
  不太忙。[Bú tài máng.] 그다지 바쁘지 않습니다.
  부 타이 렁
  不太冷。[Bú tài lěng.] 그다지 춥지 않습니다.

- 有点儿 [yǒu diǎnr] : 형용사 앞에 놓여 '조금 ~하다'라는 뜻으로 부정적인 의미를 나타냅니다. (有点儿 + 형용사, 동사)
  (말하는 사람이 뭔가 마음에 들지 않거나 여의치 않은 상황에 처했을 때)

  여우 디 알 르어
  有点儿热。[Yǒu diǎnr rè.] 조금 덥다.
  여우 디 알 꾸이
  有点儿贵。[Yǒu diǎnr guì.] 조금 비싸다.

  르어
  热 [rè] 덥다 (熱)
  꾸이
  贵 [guì] 비싸다 (貴)

- 一点儿 [yì diǎnr] : '조금 ~하다'라는 뜻인데 (형용사 + 一点儿 또는 동사 + 一点儿) 입니다. 一는 종종 생략 가능합니다.

  콰이 디 알 라이
  快点儿来。[Kuài diǎnr lái.] 좀 빨리 와.

- 好吃 [hǎo chī] : 好 뒤에 동사를 넣어서 '…하기 좋다'라는 뜻으로 쓰입니다.

  하오 츠
  好吃。[hǎo chī.] 맛있다. (먹는 것)
  하오 왈
  好玩儿。[hǎo wánr.] 놀기 좋다, 재밌다.
  하오 칸
  好看。[hǎo kàn.] 보기 좋다, 예쁘다.
  하오 팅
  好听。[hǎo tīng.] 듣기 좋다.
  하오 흐어
  好喝。[hǎo hē.] 맛있다. (마시는 것)

## 응용 회화

티앤 치 쩐 머 양
A: 天气怎么样? Tiān qì zěn me yàng? 날씨 어때요?

헌 누안 후어
B: 很暖和。 Hěn nuǎn huo. 아주 따뜻해요.

나 알 더 티앤 치 렁 마
A: 那儿的天气冷吗?
Nàr de tiān qì lěng ma? 그곳의 날씨는 춥습니까?

부 타이 렁
B: 不太冷。 Bú tài lěng. 그다지 춥지 않아요.

진 티앤 니 헌 피아오 량
A: 今天你很漂亮。
Jīn tiān nǐ hěn piào liang.
당신은 오늘 아주 예쁩니다.

씨에 씨에
B: 谢谢。 Xiè xie. 고맙습니다.

### 새 단어

天气(氣) tiān qì 티앤 치 날씨
怎么样(樣) zěn me yàng 쩐 머 양
어떻습니까 (상대방의 마음이나 상태를 묻는 말)
很 hěn 헌 매우, 아주
暖和 nuǎn huo 누안 후어 따뜻하다
冷 lěng 렁 춥다
今天 jīn tiān 진 티엔 오늘
漂亮 piào liang 피아오 량 예쁘다

## 해설

### ★ 맛을 나타내는 형용사

쑤안 酸 [suān] 시다
티엔 甜 [tián] 달다
쿠 苦 [kǔ] 쓰다
라 辣 [là] / 씬 辛 [xīn] 맵다
시엔 咸 [xián] 짜다
딴 淡 [dàn] 싱겁다

### ★ 날씨에 관련된 단어

칭 티엔
晴天 [qíng tiān] : 갠 날

찐 티엔 티엔 치 쩐 머 양 찐 티엔 스 칭 티엔
今天天气怎么样? 今天是晴天。
[Jīn tiān tiān qì zěn me yàng? jīn tiān shì qíng tiān.]
오늘 날씨 어때요? 오늘은 갠 날입니다.

인 티엔
阴天 [yīn tiān] : 흐린 날

밍 티엔 예 스 인 티엔 마
明天也是阴天吗? [Míng tiān yě shì yīn tiān ma?] 내일도 흐린 날입니까?

뚜어 윈
多云 [duō yún] : 구름이 많음

뚜어 윈 주안 칭
多云转晴。[Duō yún zhuǎn qíng.] 구름이 많다가 갬.

시아 위
下雨 [xià yǔ] : 비 내림

시아 위 티엔 부 야오 추 취
下雨天不要出去。[Xià yǔ tiān bú yào chū qù.] 비 오는 날은 나가지 말아요.

시아 쉬에
下雪 [xià xuě] : 눈 내림

똥 티엔 시아 쉬에 쩐 하오
冬天下雪真好! [Dōng tiān xià xuě zhēn hǎo!]
겨울에 눈 내리니 정말 좋아요!

## 번체자 · 간체자 쓰기

| 번체자 | 간체자 | 쓰기 |
|---|---|---|
| 無<br>없을 무 | 无<br>wú<br>우 | 无 无 无 无<br>无 |
| 點<br>점 점 | 点<br>diǎn<br>디엔 | 点 点 点 点 点 点 点 点 点<br>点 |
| 聽<br>들을 청 | 听<br>tīng<br>팅 | 听 听 听 听 听 听 听<br>听 |
| 熱<br>더울 열 | 热<br>rè<br>르어 | 热 热 热 热 热 热 热 热 热 热<br>热 |

无情 (우 칭) 무정하다 wú qíng

有点儿 (여우 디 알) 조금 yǒu diǎnr

好听 (하오 팅) 듣기 좋다 hǎo tīng

很热 (헌 르어) 아주 덥다 hěn rè

| 번체자 | 간체자 | |
|---|---|---|
| 貴<br>귀할 귀 | 贵<br>guì<br>꾸이 | 贵 贵 贵 贵 贵 贵 贵 贵 贵<br>贵 |
| 殺<br>죽일 살 | 杀<br>shā<br>샤 | 杀 杀 杀 杀 杀 杀<br>杀 |
| 遠<br>멀 원 | 远<br>yuǎn<br>위앤 | 远 远 远 远 远 远<br>远 |
| 寬<br>너그러울 관 | 宽<br>kuān<br>쿠안 | 宽 宽 宽 宽 宽 宽 宽 宽 宽 宽<br>宽 |

꾸이 쭈
贵族 귀족
guì zú

샤 뚜
杀毒 소독하다
shā dú

위엔 팡
远方 먼 곳
yuǎn fāng

쿠안 롱
宽容 너그럽다
kuān róng

# 中国菜 [Zhōng guó cài] 쭝 구어 차이 중국 음식

쟈 지앙 미앤
▸ 炸酱面
[zhá jiàng miàn] 짜장면

빠오 즈
▸ 包子 [bāo zi] 찐빵(소가 든)

만 토우
馒头 [mán tou] 찐빵(소가 없는)

찌아오 즈
▸ 饺子 [jiǎo zi] 만두

마 포 또우 푸
▸ 麻婆豆腐
[má pó dòu fu] 마파두부

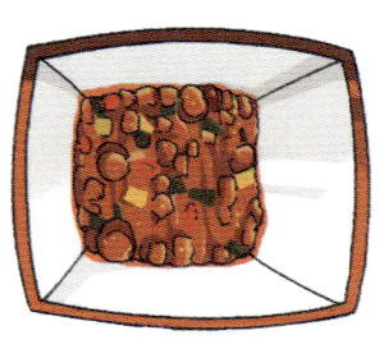

꽁 빠오 지 딩
▸ 宫保鸡丁
[gōng bǎo jī dīng] 닭볶음요리

양 로우 추완
▸ 羊肉串
[yáng ròu chuàn] 양꼬치

찌우 차이 차오 지 딴
▸ 韭菜炒鸡蛋
[jiǔ cài chǎo jī dàn] 부추계란볶음

탕 추 리 지
▸ 糖醋里脊
[táng cù lǐ ji] 탕수육

练习题

## 평가 테스트

알맞은 단어를 써 넣어 문장을 완성하세요.

| 冷 lěng | 不太 bú tài | 好吃 hǎo chī |
| --- | --- | --- |
| 有点儿 yǒu diǎnr | 漂亮 piào liang | |

1. 今天很(_____)。 오늘 아주 추워요.
   jīn tiān hěn (_____).
2. 天气(_____)热。 날씨가 조금 더워요.
   tiān qì (_____) rè.
3. 她很(_____)。 그녀는 매우 예뻐요.
   tā hěn (_____).
4. 这个很(_____)。 이것은 매우 맛있습니다.
   zhè ge hěn (_____).
5. 人(_____)多。 사람이 그다지 많지 않아요.
   rén (_____) duō.

한자를 써 넣으세요.

6. 오늘 (_____) jīn tiān
7. 날씨 (_____) tiān qì
8. 맛있다 (_____) hǎo chī
9. 예쁘다 (_____) piào liang

1. 冷 lěng 2. 有点儿 yǒu diǎnr 3. 漂亮 piào liang 4. 好吃 hǎo chī
5. 不太 bú tài 6. 今天 7. 天气 8. 好吃 9. 漂亮

# DAY 08 어디 가십니까?

## 기본 회화

A: 你去哪儿? (니 취 날) Nǐ qù nǎr? 너는 어디 가니?

B: 我去火车站。 (워 취 훠 처 짠) Wǒ qù huǒ chē zhàn. 저는 기차역에 가요.

A: 有什么事吗? (여우 썬 머 스 마) Yǒu shén me shì ma? 무슨 일 있어요?

B: 阿姨从釜山来。 (아 이 총 푸 산 라이) Ā yí cóng fǔ shān lái. 부산에서 이모가 옵니다.

A: 妈妈在哪儿? (마 마 짜이 날) Mā ma zài nǎr? 엄마는 어디 계세요?

B: 妈妈在医院。 (마 마 짜이 이 위엔)
Mā ma zài yī yuàn. 엄마는 병원에 있어요.

A: 为什么? (웨이 션 머) Wèi shén me? 왜요?

B: 她感冒了。 (타 깐 마오 러) Tā gǎn mào le. 엄마는 감기에 걸렸어요.

## 새 단어

去 qù 취 가다

哪儿 nǎr 날 어디

火车(車) huǒ chē 훠 처 기차

火车站 huǒ chē zhàn 훠 처 짠 기차역

医院(醫) yī yuàn 이 위엔 병원

为(爲) wèi 웨이 위하여

什么 shén me 션 머 무엇, 어떤, 무슨

为什么 wèi shén me 웨이 션 머
무엇 때문에? 왜?

事 shì 스 일

阿姨 ā yí 아 이 이모, 아주머니

釜山 fǔ shān 푸 산 부산

从…来 cóng…lái 총…라이
~에서 오다

## 해설

• 去 [qù] : '가다'. 반대말은 来 [lái] '오다'이며, 뒤에 장소를 씁니다.

• 哪儿 [nǎr] : '어디?'라는 뜻으로 장소를 묻는 의문사입니다.

你去哪儿? [Nǐ qù nǎr?] 너는 어디 가니?

你在哪儿? [Nǐ zài nǎr?] 너는 어디에 있니?

※ 哪儿은 의문사이기 때문에 뒤에 吗?가 올 수 없습니다.

• 在 [zài] : 동사로 '~에 있다'라는 뜻입니다. 사람이나 사물의 존재를 나타내며 '~에 없다'는 不在 [bú zài]입니다.

妈妈在家吗? [mā ma zài jiā ma?] 엄마는 집에 계세요?

妈妈不在家。 [mā ma bú zài jiā.] 엄마는 집에 계시지 않아요.

• 为什么 [wèi shén me] '왜 어째서'라는 뜻입니다.

你为什么学汉语? [Nǐ wèi shén me xué hàn yǔ?]

당신은 왜 중국어를 배웁니까?

你为什么去? [Nǐ wèi shén me qù] 너 왜 가니?

※ 为什么도 의문사이기에 吗?가 오지 않습니다.

## 응용 회화

A : 你吃饭了吗? (니 츠 판 러 마) Nǐ chī fàn le ma? 너 밥 먹었니?

B : 我还没吃。(워 하이 메이 츠) Wǒ hái méi chī. 아직 안 먹었어요.

A : 为什么还没有吃? (웨이 선 머 하이 메이 여우 츠)
Wèi shén me hái méi yǒu chī? 왜 아직도 안 먹었어?

B : 肚子还不饿。(뚜 즈 하이 뿌 어)
Dù zi hái bú è. 아직 배가 고프지 않아서요.

A : 我们一起去看电影吧。(워 먼 이 치 취 칸 띠엔 잉 바)
Wǒ men yì qǐ qù kàn diàn yǐng ba.
우리 함께 영화 보러 가자.

B : 好啊。(하오 아) Hǎo a. 좋아.

### 새 단어

- 吃 chī 츠 먹다
- 饭(飯) fàn 판 밥
- 没(有) méi yǒu 메이 여우 ~지 않았다
- 为什么 wèi shén me 웨이 션 머 왜
- 还 hái 하이 아직
- 肚子 dù zi 뚜 즈 배
- 饿 è 으어 배고프다
- 一起 yì qǐ 이 치 같이, 함께
- 看 kàn 칸 보다
- 电(電)影 diàn yǐng 띠엔 잉 영화
- 吧 ba 바 ~하자

## 해설

러
· 了 [le] : 동작이 완성되었음을 나타냅니다.

츠 러
吃了。[Chī le.] 먹었다.

츠 러 마
吃了吗? [Chī le ma?] 먹었니?

메이 요
· 没(有) [méi (yǒu)] : '~지 않았다'는 뜻으로 과거의 일을 부정하는 단어입니다.

요
有는 쓸 때도 있고 생략할 때도 있습니다.

타 메이 요 라이
他没(有)来。[Tā méi (yǒu) lái.] 그는 오지 않았습니다.

그리고 不(부) [bù]도 부정하는 단어인데 현재를 부정하며 자기 자신에게 不를 쓸 때는 자기의 의사표현이 됩니다.

워 부 취
我不去。[Wǒ bú qù.] 나는 가지 않겠습니다.

워 메이 요 취
我没(有)去。[Wǒ méi (yǒu) qù.] 나는 가지 않았습니다.

뿌 츠
不吃。[Bù chī.] 먹지 않겠다.

메이 츠
没吃。[Méi chī.] 먹지 않았다.

긍정문 – 我吃饭了。(워 츠 판 러) 나는 밥을 먹었습니다.

부정문 – 我没吃饭。(워 메이 츠 판) 나는 밥을 먹지 않았습니다.

일반의문사 – 你吃饭了吗? (니 츠 판 러 마) 너 밥 먹었니?

정반의문문 – 你吃饭了没有? (니 츠 판 러 메이 요) 너 밥 먹었니, 안 먹었니?

• 吧 [ba] : 회화체의 문장 끝에 쓰여서 명령, 권유, 추측을 나타냅니다. 의문문에 吧를 쓸 때는 어느 정도 알고 있는 상태에서 물어보는 말입니다.

我们吃饭吧。 [wǒ men chī fàn ba.] 우리 밥 먹자. (권유)
走吧。 [zǒu ba.] 가자. (권유)
你是中国人吧? [nǐ shì zhōng guó rén ba?] 당신 중국 사람이지요? (추측)

## ★ 자주 쓰는 동사

| | |
|---|---|
| 看 [kàn] 보다 | 起床 [qǐ chuáng] 일어나다 (아침) |
| 吃 [chī] 먹다 | 睡觉 [shuì jiào] 잠을 자다 |
| 听 [tīng] 듣다 | 骑 [qí] (자전거) 타다 |
| 去 [qù] 가다 | 坐 [zuò] (차) 타다 |
| 来 [lái] 오다 | 上班 [shàng bān] 출근하다 |
| 喝 [hē] 마시다 | 下班 [xià bān] 퇴근하다 |
| 读 [dú] 읽다 | 等 [děng] 기다리다 |
| 买 [mǎi] 사다 | 洗 [xǐ] 씻다 |
| 卖 [mài] 팔다 | 打 [dǎ] (전화) 걸다 |
| 说 [shuō] 말하다 | 借 [jiè] 빌리다 |
| 写 [xiě] (글) 쓰다 | 见 [jiàn] 만나다 |

练习题

## 평가 테스트

### 알맞은 단어를 골라 문장을 완성하세요.

哪儿 nǎr, 去 qù, 没(有) méi yǒu, 吧 ba, 吃 chī, 一起 yì qǐ

1. 你在(______)? 당신은 어디에 있어요?
   nǐ zài (______)?
2. 我(______)银行. 저는 은행에 갑니다.
   wǒ (______) yín háng.
3. 我们(______)走吧. 우리 함께 가요.
   wǒ men (______) zǒu ba.
4. 我(______)吃. 저는 안 먹었어요.
   wǒ (______) chī.
5. 我们吃饭(______). 우리 밥 먹읍시다.
   wǒ men chī fàn (______).

### 다음 단어를 중국어로 쓰세요.

6. 먹다 (______)
7. 보다 (______)
8. 가다 (______)
9. 오다 (______)
10. 듣다 (______)
11. 사다 (______)
12. 마시다 (______)

1. 哪儿 nǎr　2. 去 qù　3. 一起 yì qǐ　4. 没(有) méi yǒu
5. 吧 ba　6. 吃　7. 看　8. 走
9. 来　10. 听　11. 买　12. 喝

## 번체자 · 간체자 쓰기

| 번체자 | 간체자 | |
|---|---|---|
| 優<br>넉넉할 우 | 优<br>yōu<br>여우 | 优 优 优 优 优 优<br>优 |
| 産<br>낳을 산 | 产<br>chǎn<br>찬 | 产 产 产 产 产 产<br>产 |
| 爲<br>할 위 | 为<br>wèi<br>웨이 | 为 为 为 为<br>为 |
| 飯<br>밥 반 | 饭<br>fàn<br>판 | 饭 饭 饭 饭 饭 饭 饭<br>饭 |

优秀(여우 시우) 아주 뛰어나다 yōu xiù

产地(찬 띠) 생산지, 산지 chǎn dì

为什么(웨이 션 머) 왜? wèi shén me

饭碗(판 완) 밥그릇 fàn wǎn

| 번체자 | 간체자 | 电 电 电 电 电 |
| --- | --- | --- |
| 電<br>번개 전 | 电<br>diàn<br>디엔 | 电 |
| 還<br>돌아올 환 | 还<br>hái<br>하이 | 还 还 还 还 还 还<br>还 |
| 買<br>살 매 | 买<br>mǎi<br>마이 | 买 买 买 买 买 买<br>买 |
| 寫<br>베낄 사 | 写<br>xiě<br>씨에 | 写 写 写 写 写<br>写 |

띠엔 스 电视 텔레비전 diàn shì

하이 요 还有 그리고 hái yǒu

마이 딴 买单 계산서 mǎi dān

씨에 쯔 写字 글씨를 쓰다 xiě zì

# 厨房 [chú fáng] 추 팡 부엌

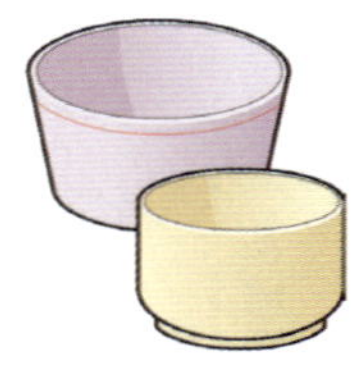

완
▶ 碗 [wǎn] 밥 그릇

디에 즈
▶ 碟子 [dié zi] 접시

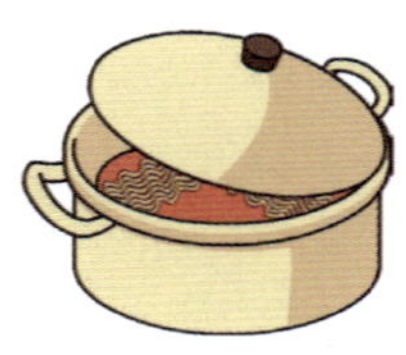

꾸오
▶ 锅 [guō] 냄비

후
▶ 壶 [hú] 주전자

지엔 꾸어
▶ 煎锅 [jiān guō] 프라이팬

카오 미엔 빠오 지
▶ 烤面包机 [kǎo miàn bāo jī] 토스터

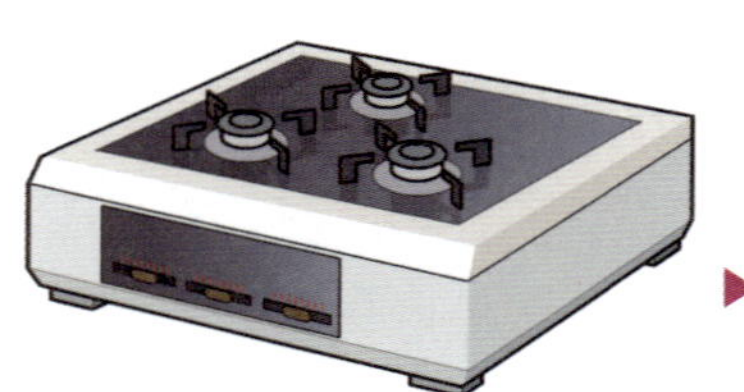

메이 치 짜오
▶ 煤气灶 [méi qì zào] 가스레인지

차이 반
▶ 菜板 [cài bǎn] 도마

차이 따오
▶ 菜刀 [cài dāo] 부엌 칼

시 띠 지
▶ 洗涤剂 [xǐ dí jì] 세제

탕 샤오
▶ 汤勺 [tāng sháo] 국자

수웨이 롱 터우
▶ 水龙头 [shuǐ lóng tou] 수도꼭지

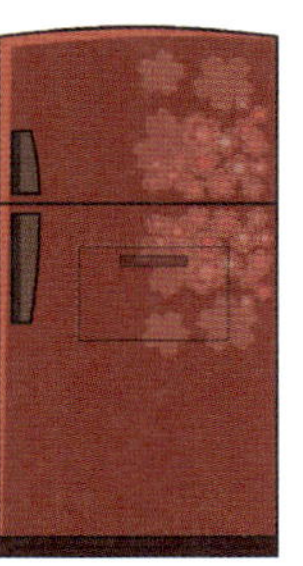

시 띠 차오
▶ 洗涤槽 [xǐ dí cáo] 싱크대

삥 시앙
▶ 冰箱 [bīng xiāng] 냉장고

# DAY 09 노트북 있습니까?

## 기본 회화

니 여우 쇼우 티 띠엔 나오 마
A : 你有手提电脑吗?
Nǐ yǒu shǒu tí diàn nǎo ma?
당신은 노트북이 있습니까?

스 워 여우 쇼우 티 띠엔 나오
B : 是。我有手提电脑。
Shì. Wǒ yǒu shǒu tí diàn nǎo.
네. 저는 노트북이 있습니다.

니 예 여우 마
A : 你也有吗? Nǐ yě yǒu ma? 당신도 있습니까?

워 메이 여우 셔우 티 띠엔 나오 여우 띠엔 나오
C : 我没有手提电脑,有电脑。
Wǒ méi yǒu shǒu tí diàn nǎo, yǒu diàn nǎo.
저는 노트북은 없고, 컴퓨터는 있습니다.

니 여우 뉘 펑 여우 마
A : 你有女朋友吗?
Nǐ yǒu nǚ péng you ma? 당신은 여자 친구가 있습니까?

뿌 워 메이 여우 뉘 펑 여우
B : 不。我没有女朋友。
Bù. Wǒ méi yǒu nǚ péng you. 아니오. 저는 여자 친구가 없습니다.

### 새 단어

**有** yǒu 여우 있다

**手提电脑** shǒu tí diàn nǎo 쇼우 티 띠엔 나오 노트북

**也** yě 예 ~도

**电脑** diàn nǎo 띠엔 나오 컴퓨터

**女朋友** nǚ péng you 뉘 펑 여우 여자 친구

## 해설

여우
· 有 [yǒu] : 발음이 '요우'와 '여우'의 중간음입니다. 운모 'ou' 발음할 때 '오'와 '어' 사이음으로 '오우'와 '어우'의 중간음입니다. 어떤 장소에 사람이나 사물이 '있다'라는 뜻입니다.

〈사람/장소 + 有 + 존재하는 사물/사람〉

워 스 리 여우 띠엔 스
卧室里有电视。[Wò shì lǐ yǒu diàn shì.] 침실에는 텔레비전이 있습니다.

워 여우 메이 메이
我有妹妹。[Wǒ yǒu mèi mei.] 나는 여동생이 있습니다.

띠 띠 여우 와 와
弟弟有娃娃。[Dì di yǒu wá wa.] 남동생은 인형이 있습니다.

여우 메이 여우
· 有 [yǒu]의 부정은 没有 [méi yǒu]로 '없다'는 뜻입니다.

크어 팅 리 메이 여우 샤 파
客厅里没有沙发。[Kè tīng lǐ méi yǒu shā fā.] 거실에는 소파가 없습니다.

워 메이 여우 지에 지에
我没有姐姐。[Wǒ méi yǒu jiě jie.] 나는 누나(언니)가 없습니다.

띠 디 메이 여우 와 와
弟弟没有娃娃。[Dì di méi yǒu wá wa.] 남동생은 인형이 없습니다.

## 응용 회화

니 시 환 시아오 마오 마
A : 你喜欢小猫吗?
Nǐ xǐ huan xiǎo māo ma? 당신은 고양이를 좋아하세요?

페이 창 시 환 워 지아 여우 리앙 즈 시아오 마오
B : 非常喜欢。我家有两只小猫。
Fēi cháng xǐ huan. Wǒ jiā yǒu liǎng zhī xiǎo māo.
굉장히 좋아합니다. 저의 집에 고양이가 두 마리 있습니다.

진 티엔 완 상 니 여우 스 지엔 마
A : 今天晚上你有时间吗?
Jīn tiān wǎn shang nǐ yǒu shí jiān ma? 오늘 저녁 시간 있으세요?

여우 스 지엔 니 여우 썬 머 스
B : 有时间。你有什么事?
Yǒu shí jiān. Nǐ yǒu shén me shì? 시간 있어요. 무슨 일 있어요?

완 상 치 디엔 이 치 츠 판 바
A : 晚上7点一起吃饭吧。
Wǎn shang qī diǎn yì qǐ chī fàn ba. 저녁 7시에 같이 밥 먹어요.

하오
B : 好。 Hǎo. 좋아요.

### 새 단어

喜欢 xǐ huan 시 환 좋아하다, 즐기다
小 xiǎo 시아오 작다
狗 gǒu 꺼우 개
小猫 xiǎo māo 시아오 마오 고양이
非常 fēi cháng 페이 창 굉장히, 대단히
两 liǎng 리앙 둘
只 zhī 즈 마리 (양사)
今天 jīn tiān 진 티엔 오늘
晚上 wǎn shang 완상 저녁
时间 shí jiān 스 지엔 시간
什么 shén me 션 머 무엇, 무슨
事 shì 스 일
一起 yì qǐ 이 치 함께, 같이

## 해설

· 리앙 两(兩) [liǎng] : 두 량. 리앙 两 [liǎng]과 얼 二은 똑같이 '둘'의 의미로 쓰이지만 용법상 차이가 있습니다. 일반적으로 양사 앞에서는 리앙 两를 씁니다.

리앙 뻔 수 两本书 [liǎng běn shū] 책 두 권, 리앙 거 런 两个人 [liǎng ge rén] 두 명

2시를 나타낼 때도 얼 디엔 二点이라고 쓰지 않고 리앙 디엔 两点 [liǎng diǎn]을 씁니다.

· 티아오 条(條) [tiáo] : 양사로써 가늘고 긴 것, 그런 형태의 유형 · 무형의 사물을 셀 때 사용합니다. 옷이나 일에는 지엔 件 [jiàn]을 쓰고 바지는 티아오 条 [tiáo] 를 씁니다.

싼 티아오 위 三条鱼 [sān tiáo yú] 물고기 세 마리

· 즈 只 [zhī] : 작은 동물을 세는 양사

이 즈 지 一只鸡 [yì zhī jī] 닭 한 마리

리앙 즈 투 즈 两只兔子 [liǎng zhī tù zi] 토끼 두 마리

소나 당나귀, 돼지는 터우 头 [tóu] (양사)

싼 스 터우 니우 三十头牛 [sān shí tóu niú] 소 30마리

· 션 머 什么 [shén me] : '무엇', '무슨' 이라는 뜻입니다.

션 머 쑤 什么书 [shén me shū] 무슨 책

니 여우 썬 머 쓰 你有什么事? [nǐ yǒu shén me shì?] 무슨 일 있어요?

쭈오 션 머 꽁 쭈오 做什么工作? [zuò shén me gōng zuò?] 무슨 일을 합니까?

※ 쭈오 做 [zuò]는 '(일)하다'라는 뜻인데, 보통 구체적으로 어떤 것을 만들 경우에 사용합니다.

## 번체자 · 간체자 쓰기

| 번체자 | 간체자 | |
|---|---|---|
| 聲<br>소리 성 | 声<br>shēng<br>셩 | 声 声 声 声 声 声 声<br>声 |
| 腦<br>골 뇌 | 脑<br>nǎo<br>나오 | 脑 脑 脑 脑 脑 脑 脑 脑 脑 脑<br>脑 |
| 視<br>볼 시 | 视<br>shì<br>스 | 视 视 视 视 视 视 视<br>视 |
| 義<br>옳을 의 | 义<br>yì<br>이 | 义 义 义<br>义 |

声音(셩 인) 소리 shēng yīn　大脑(따 나오) 대뇌 dà nǎo　视力(스 리) 시력 shì lì　义务(이 우) 의무 yì wù

| 번체자 | 간체자 | |
|---|---|---|
| 處<br>곳 처 | 处<br>chù<br>추 | 处 处 处 处 处<br>处 |
| 幹<br>줄기 간 | 干<br>gàn<br>깐 | 干 干 干<br>干 |
| 條<br>가지 조 | 条<br>tiáo<br>티아오 | 条 条 条 条 条 条 条<br>条 |
| 鷄<br>닭 계 | 鸡<br>jī<br>지 | 鸡 鸡 鸡 鸡 鸡 鸡<br>鸡 |

따오 추
到处 곳곳
dào chù

깐 션 머
干什么 무엇을 하는가?
gàn shén me

티아오 지엔
条件 조건
tiáo jiàn

꽁 지
公鸡 수탉
gōng jī

# 衣服 [yī fu] 이 푸 옷

▶ 衬衫(천 샨) [chèn shān] 셔츠

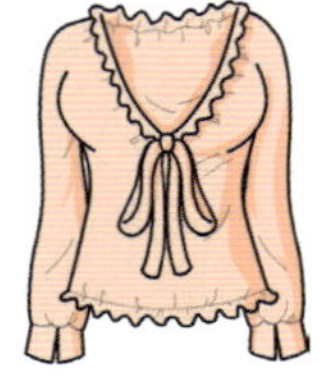

▶ 女衬衣(뉘 천 이) [nǚ chèn yī] 블라우스

▶ 夹克(지아 크어) [jiā kè] 자켓

▶ 裙子(췬 즈) [qún zi] 치마

▶ 裤子(쿠 즈) [kù zi] 바지

▶ 短裤(뚜안 쿠) [duǎn kù] 반바지

웨이 진
▸ 围巾 [wéi jīn] 목도리

링 따이
▸ 领带 [lǐng dài] 넥타이

피 시에
▸ 皮鞋 [pí xié] 구두

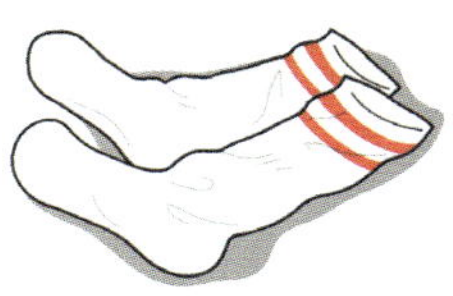

와 즈
▸ 袜子 [wà zi] 양말

쇼우 파
▸ 手帕 [shǒu pà] 손수건

쇼우 타오
▸ 手套 [shǒu tào] 장갑

## 练习题 평가 테스트

### 단어를 선택하여 문장을 완성하세요.

(有, 没有, 非常, 喜欢, 一起)

1. 我(______)哥哥。 나는 형이 있습니다.
2. 我(______)手机。 나는 핸드폰이 있습니다.
3. 我(______)饿。 나는 굉장히 배가 고픕니다.
4. 我(______)你。 나는 당신을 좋아합니다.
5. 我们(______)走吧。 우리 같이 갑시다.

### 한자를 써 보세요.

6. 있다 (______) yǒu
7. 없다 (______) méi yǒu
8. 여자 (______) nǚ
9. 남자 (______) nán
10. 좋아하다 (______) xǐ huan
11. 굉장하다 (______) fēi cháng
12. 함께 (______) yì qǐ

| | | | | |
|---|---|---|---|---|
| 1. 有 | 2. 有 | 3. 非常 | 4. 喜欢 | 5. 一起 |
| 6. 有 | 7. 没有 | 8. 女 | 9. 男 | 10. 喜欢 |
| 11. 非常 | 12. 一起 | | | |

# DAY 10 당신은 중국 사람입니까?

## 기본 회화

A : 你是中国人吗?
니 스 쭝 구어 런 마
Nǐ shì zhōng guó rén ma? 당신은 중국 사람입니까?

B : 不。我是韩国人。
뿌 워 스 한 구어 런
Bù. Wǒ shì hán guó rén. 아니오. 저는 한국 사람입니다.

A : 你会说汉语吗?
니 훼이 슈어 한 위 마
Nǐ huì shuō hàn yǔ ma? 당신은 중국어를 할 줄 아세요?

B : 我会一点儿。
워 훼이 이 디 알
Wǒ huì yì diǎn r. 조금 할 줄 알아요.

A : 学汉语难不难?
쉬에 한 위 난 부 난
Xué hàn yǔ nán bu nán?
중국어를 배우는 것은 어렵나요, 어렵지 않나요?

B : 听和说不太难, 写很难。
팅 흐어 슈어 부 타이 난 씨에 헌 난
Tīng hé shuō bú tài nán. xiě hěn nán.
듣고 말하는 것은 어렵지 않은데 쓰는 것은 아주 어려워요.

## 새 단어

| | | | |
|---|---|---|---|
| 会(會) | huì | 훼이 | ~할 줄 안다, ~할 수 있다 |
| 学(學) | xué | 쉬에 | 배우다 |
| 汉语(漢語) | hàn yǔ | 한 위 | 중국어 |
| 听(聽) | tīng | 팅 | 듣다 |
| 和 | hé | 흐어 | ~와, ~과 |
| 说(說) | shuō | 슈어 | 말하다 |
| 写(寫) | xiě | 씨에 | (글, 문장) 쓰다 |
| 难(難) | nán | 난 | 어렵다 |

## 해설

훼이
• 会 [huì] : '할 줄 알다', '할 수 있다'는 뜻으로 학습을 통한 능력을 나타냅니다.

(책을 볼 수 있고 걸음을 걸을 수 있는 능력을 말할 때는 能(넝) [néng]을 씁니다.)

타 훼이 슈어 잉 위
他会说英语。[Tā huì shuō yīng yǔ.] 그는 영어를 말할 줄 안다.

워 훼이 카이 치 츠어
我会开汽车。[Wǒ huì kāi qì chē.] 나는 자동차를 운전할 줄 안다.

워 훼이 슈어 파 위
〈긍정〉 我会说法语。[Wǒ huì shuō fǎ yǔ.] 나는 불어로 말할 줄 안다.

워 훼이 쭈어 차이
我会做菜。[Wǒ huì zuò cài.] 나는 요리를 할 줄 안다.

워 부 훼이 슈어 파 위
〈부정〉 我不会说法语。[Wǒ bú huì shuō fǎ yǔ.] 나는 불어를 말할 줄 모른다.

워 부 훼이 쭤 차이
我不会做菜。[Wǒ bú huì zuò cài.] 나는 요리를 할 줄 모른다.

니 훼이 슈어 파 위 마
〈의문〉 你会说法语吗? [Nǐ huì shuō fǎ yǔ ma?] 당신은 불어를 말할 줄 아세요?

니 훼이 쭤 차이 마
你会做菜吗? [Nǐ huì zuò cài ma?] 당신은 요리할 줄 아세요?

니 훼이 부 훼이 슈어 파 위
〈정반의문〉 你会不会说法语? [Nǐ huì bu huì shuō fǎ yǔ?]

당신은 불어를 말할 줄 알아요? 몰라요?

니 훼이 부 훼이 쭤 차이
你会不会做菜? [Nǐ huì bu huì zuò cài?]

당신은 요리할 줄 알아요? 몰라요?

이 디 알
• 一点儿 [yì diǎnr] : 동사 + 一点儿은 '조금 ~하다'라는 뜻으로 양이 적음을 나타내며 앞의 一를 생략할 수 있습니다.

츠 이 디 알
吃一点儿。[Chī yì diǎnr.] 조금 먹다. = 吃点儿。(츠 디 알) [Chī diǎnr.]

따 이 디 알
大一点儿。[Dà yì diǎnr.] 조금 크다. = 大点儿。(따 디 알) [Dà diǎnr.]

니 흐어 이 디 알 바
你喝一点儿吧！ [Nǐ hē yì diǎnr ba!] 너도 좀 마셔!

이 디 알
형용사 + 一点儿은 '더 ~하다'라는 뜻으로 단순한 비교를 표현합니다.

나 거 피엔 이 이 디 알
那个便宜一点儿。 [Nà ge pián yi yì diǎnr.] 저것이 좀 더 싸군요.

워 훼이 이 디 알
我会一点儿。 [Wǒ huì yì diǎnr.] 조금 할 줄 알아요.

흐어
• 和 [hé] : '~와', '~과'의 뜻으로 두 개 이상을 나열할 때 쓰입니다. 영어의 'and'와 비슷합니다.

잉 위 흐어 르 위
英语和日语 [Yīng yǔ hé rì yǔ] 영어와 일어

중국이 보인다! | 명승고적

**황산(黄山)**
중국인들은 산을 떠올릴 때 제일 먼저 떠올리는 산이 바로 황산입니다. 중국 10대 명승지 중에서 유일한 산으로 1990년에 유네스코 세계 자연유산으로 지정되었습니다.

**계림산수(桂林山水)**
계림은 '천하 산수의 으뜸(山水甲天下)'이라는 명성을 얻을 만큼 자연환경이 아름다운 곳입니다. 해발 50~100m 내외의 기암 봉우리와 그 사이를 흐르는 강의 맑고 깨끗한 물이 어우러져 천태만상의 절경을 엮어 내고 있습니다.

**북경 고궁(北京故宫)**
자금성(紫禁城)을 말한다. 명 · 청 왕조의 황궁으로 중국 역대 제왕의 궁전 가운데 규모가 가장 큽니다. 자금성은 동서가 753m, 남북이 961m의 좌우 대칭식 정사각형 모양의 궁전으로 성 높이는 10m입니다.

**항주 서호(抗州西湖)**
삼면이 산으로 둘러싸인 타원형의 호수입니다. 전체 면적은 5.66평방킬로미터입니다. 호수는 5개 구역으로 이루어져 있으며 호수 가운데는 3개의 섬이 솟아 있습니다. 물은 매우 맑고 투명해서 수심 50m의 바닥이 훤히 드러나 보일 정도입니다.

## 응용 회화

니 훼이 카이 처 마
A : 你会开车吗?
Nǐ huì kāi chē ma? 당신은 운전할 줄 아세요?

훼이 워 카이 더 헌 하오
B : 会。我开得很好。
Huì. Wǒ kāi de hěn hǎo.
저는 운전을 아주 잘합니다.

니 훼이 요우 용 마
A : 你会游泳吗? Nǐ huì yóu yǒng ma? 당신은 수영할 줄 아세요?

워 부 훼이 요우 용
B : 我不会游泳。Wǒ bú huì yóu yǒng. 저는 수영할 줄 모릅니다.

니 시양 부 시양 쉬에 여우 용
A : 你想不想学游泳?
Nǐ xiǎng bu xiǎng xué yóu yǒng? 배우고 싶지 않으세요?

워 시양 짜이 수 지아 쉬에
B : 我想在暑假学。
Wǒ xiǎng zài shǔ jià xué. 여름방학 때 배울 생각입니다.

### 새 단어

开车(開車) kāi chē 카이 처 차를 운전하다

游泳 yóu yǒng 요우 용 수영하다

想 xiǎng 시양 ~하고 싶다

暑假 shǔ jià 수 지아 여름방학

## 练习题 평가 테스트

### 병음을 적어 넣으세요.

例 韩国人 (hán guó rén)

1. 我 (________) 2. 你 (________)
3. 说话 (________) 4. 喜欢 (________)
5. 今天 (________) 6. 吃饭 (________)
7. 晚上 (________) 8. 手机 (________)
9. 汉语 (________) 10. 开车 (________)

### 병음에 맞는 한자를 쓰세요.

xué (学)

11. nǐ hǎo (________) 12. zài jiàn (________)
13. hěn gāo xìng (________) 14. xiè xie (________)
15. duì bu qǐ (________) 16. hǎo jiǔ bú jiàn (________)
17. péng you (________) 18. gōng sī (________)
19. míng tiān (________) 20. qǐng wèn (________)

| | | | | |
|---|---|---|---|---|
| 1. wǒ | 2. nǐ | 3. shuō huà | 4. xǐ huan | 5. jīn tiān |
| 6. chī fàn | 7. wǎn shang | 8. shǒu jī | 9. hàn yǔ | 10. kāi chē |
| 11. 你好 | 12. 再见 | 13. 很高兴 | 14. 谢谢 | 15. 对不起 |
| 16. 好久不见 | 17. 朋友 | 18. 公司 | 19. 明天 | 20. 请问 |

## 번체자 · 간체자 쓰기

| 번체자 | 간체자 | 쓰기 |
|---|---|---|
| 韓<br>나라이름 한 | 韩<br>hán<br>한 | 韩 韩 韩 韩 韩 韩 韩 韩 韩 韩 韩 韩<br>韩 |
| 漢<br>한나라 한 | 汉<br>hàn<br>한 | 汉 汉 汉 汉 汉<br>汉 |
| 龍<br>용 룡 | 龙<br>lóng<br>롱 | 龙 龙 龙 龙 龙<br>龙 |
| 難<br>어려울 난 | 难<br>nán<br>난 | 难 难 难 难 难 难 难 难 难 难<br>难 |

韩国 (한 구어) 한국 Hán guó

汉字 (한 쯔) 한자 Hàn zì

龙井茶 (롱 징 차) 용정차 lóng jǐng chá

难吃 (난 츠) 먹기 어렵다 nán chī

| 번체자 | 간체자 | |
|---|---|---|
| 異<br>다를 이 | 异<br>yì<br>이 | 异 异 异 异 异 异<br>异 |
| 開<br>열 개 | 开<br>kāi<br>카이 | 开 开 开 开<br>开 |
| 郵<br>우편 우 | 邮<br>yóu<br>여우 | 邮 邮 邮 邮 邮 邮 邮<br>邮 |
| 頭<br>머리 두 | 头<br>tóu<br>토우 | 头 头 头 头 头<br>头 |

- 异常(이 창) 심상치 않다 yì cháng
- 开车(카이 처) 운전하다 kāi chē
- 邮局(여우 쥐) 우체국 yóu jú
- 头疼(터우 텅) 머리가 아프다 tóu téng

## 运动 [yùn dòng] 윈 똥 스포츠

▶ 棒球(빵 치우) [bàng qiú] 야구

▶ 足球(주 치우) [zú qiú] 축구

▶ 篮球(란 치우) [lán qiú] 농구

▶ 网球(왕 치우) [wǎng qiú] 테니스

▶ 排球(파이 치우) [pái qiú] 배구

▶ 高尔夫球(까오 얼 푸 치우) [gāo' ěr fū qiú] 골프

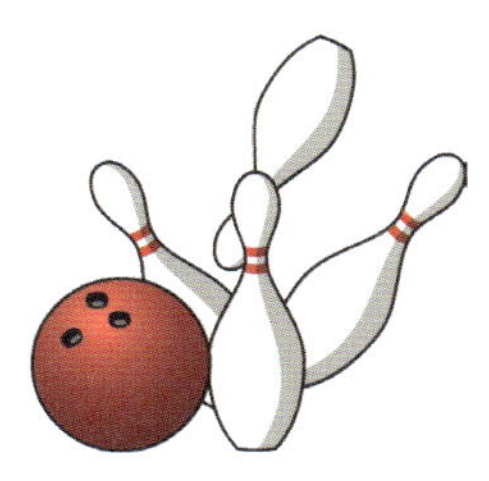

빠오 링 치우
▶ 保龄球 [bǎo líng qiú] 볼링

후아 쉬에
▶ 滑雪 [huá xuě] 스키

취엔 지
▶ 拳击 [quán jī] 권투

여우 용
▶ 游泳 [yóu yǒng] 수영

띠아오 위
▶ 钓鱼 [diào yú] 낚시

타이 치우
▶ 台球 [tái qiú] 당구

# 식구가 몇 명입니까?

## 기본 회화

A: 你家有几口人?（니 지아 여우 지 코우 런）
Nǐ jiā yǒu jǐ kǒu rén? 너희 집은 식구가 몇 명 있니?

B: 我家有四口人。（워 지아 여우 쓰 코우 런）
Wǒ jiā yǒu sì kǒu rén. 우리 집은 네 식구가 있어요.

A: 都有什么人?（또우 여우 션 머 런）
Dōu yǒu shén me rén? 누구 누구 있어요?

B: 爸爸，妈妈，哥哥和我。（빠 바 마 마 끄어 거 흐어 워）
Bàba, māma, gēge hé wǒ. 아빠, 엄마, 형 그리고 나.

A: 你爸爸妈妈身体好吗?（니 빠 바 마 마 션 터 하오 마）
Nǐ bàba māma shēn tǐ hǎo ma? 너희 아빠 엄마는 건강하시니?

B: 他们都很好。（타 먼 떠우 헌 하오）
Tā men dōu hěn hǎo. 그들은 모두 건강하세요.

## 새 단어

**几口人(幾)** jǐ kǒu rén 지 코우 런 몇 식구

**身体(體)** shēn tǐ 션 티 신체, 건강

**都** dōu 떠우 모두, 다

**和** hé 흐어 ~와

## 해설

- 有 [yǒu] : 여기서 有는 '존재'를 뜻하는 동사입니다.

  你家 + 有 + 人
  장소 존재 사람

  几口人 [jǐ kǒu rén] 몇 사람

  几 + 口 + 人
  10 이하를 묻는 의문사 / 식구를 세는 양사 / 사람

  ※ 사람 수를 물어볼 때 个 [ge]와 높여 부르는 位 [wèi]라는 양사가 있고, 식구를 물을 때는 口 [kǒu]를 사용함에 주의합니다.

- 身体 [shēn tǐ] : '신체', '몸'이라는 뜻에서 그 의미가 확장되어 '건강'을 나타내기도 합니다.

  锻炼身体。[Duàn liàn shēn tǐ.] 몸을 단련하다.
  注意身体。[Zhù yì shēn tǐ.] 건강에 주의하다.
  我身体很好。[Wǒ shēn tǐ hěn hǎo.] 저는 건강이 좋습니다.

- 都 [dōu] : '모두', '다'라는 뜻의 부사입니다.

  주어 + 都 + 형용사의 형태로 쓰입니다.

  我们都是韩国人。[Wǒ men dōu shì hán guó rén.] 우리는 모두 한국 사람이다.
  我们都去。[Wǒ men dōu qù.] 우리 모두 간다.
  他们都很好。[Tā men dōu hěn hǎo.] 그들 모두 잘 지냅니다.

## 응용 회화

A : 你哥哥工作吗? Nǐ gē ge gōng zuò ma? 너희 형은 일하니?
(니 끄어 거 꽁 쭈어 마)

B : 工作。他在电视台工作。
(꽁 쭈어 타 짜이 띠엔 스 타이 꽁 쭈어)
Gōng zuò. Tā zài diàn shì tái gōng zuò. 일합니다. 그는 방송국에서 일해요.

A : 你爸爸做什么工作?
(니 빠 바 쭈오 션 머 꽁 쭈어)
Nǐ bàba zuò shén me gōng zuò?
당신의 아버지는 무슨 일 하세요?

B : 我爸爸是警察。
(워 빠 바 스 징 차)
Wǒ bàba shì jǐng chá. 우리 아빠는 경찰이세요.

A : 你爷爷在哪儿工作?
(니 예 예 짜이 나 알 꽁 쭈어)
Nǐ yé ye zài nǎr gōng zuò? 너의 할아버지는 어디서 일하시니?

B : 我爷爷在学校工作。
(워 예 예 짜이 쉬에 시아오 꽁 쭈어)
Wǒ yé ye zài xué xiào gōng zuò. 저의 할아버지는 학교에서 일하세요.

### 새 단어

工作 gōng zuò 꽁 쭈어 일하다
在 zài 짜이 ~에서
电视台 diàn shì tái 띠엔 스 타이 방송국
做 zuò 쭈어 하다
警察 jǐng chá 징 차 경찰
爷爷 yé ye 예 예 할아버지
学校 xué xiào 쉬에 시아오 학교

## 해설

짜이
• 在 [zài] : ① 동사로 '~에 있다'라는 뜻으로 사람이나 사물의 위치를 나타냅니다.

마 마 짜이 지아
妈妈在家。[Mā ma zài jiā.] 엄마는 집에 계신다.

빠 빠 짜이 띠엔 스 타이
爸爸在电视台。[Bà ba zài diàn shì tái.] 아빠는 방송국에 계십니다.

디 띠 짜이 쒜 샤오
弟弟在学校。[Dì di zài xué xiào.] 남동생은 학교에 있어요.

② '~에서'라는 뜻으로 장소를 나타냅니다.

마 마 짜이 지아 꽁 쭈어
妈妈在家工作。[Mā ma zài jiā gōng zuò.] 엄마는 집에서 일하신다.

예 예 짜이 이 위엔 꽁 쭈어
爷爷在医院工作。[Yé ye zài yī yuàn gōng zuò.]

할아버지는 병원에서 일하신다.

나이 나이 짜이 띠엔 스 타이 꽁 쭈어
奶奶在电视台工作。[Nǎi nai zài diàn shì tái gōng zuò.]

할머니는 방송국에서 일하신다.

쭈어
• 做 [zuò] : '~하다'라는 뜻인데 명사나 의문사 등 다른 품사와 함께 쓰이면 '~을 하다'의 뜻이 됩니다.

직업을 물어볼 때도 做(쭈어)를 사용하며, 보통 구체적인 것을 만들 경우에 쓰입니다.

니 쭈어 션 머 꽁 쭈어
你做什么工作? [Nǐ zuò shén me gōng zuò?] 당신은 무슨 일 해요?

쭈어 원 장
做文章。[Zuò wén zhāng.] 글을 짓다.

쭈어 이 푸
做衣服。[Zuò yī fu.] 옷을 만들다.

쭈어 션 머
做什么? [Zuò shén me?] 뭐 하니?

쭈어 차이
做菜。[Zuò cài.] 요리하다.

## 번체자 · 간체자 쓰기

| 번체자 | 간체자 | 획순 |
|---|---|---|
| 幾 몇 기 | 几 jǐ 지 | 几 几 |
| 體 몸 체 | 体 tǐ 티 | 体 体 体 体 体 体 体 |
| 驚 놀랄 경 | 惊 jīng 징 | 惊 惊 惊 惊 惊 惊 惊 惊 惊 惊 惊 |
| 臉 뺨 검 | 脸 liǎn 리엔 | 脸 脸 脸 脸 脸 脸 脸 脸 脸 脸 脸 |

几年 (지 니엔) 몇 년 jǐ nián

体育 (티 위) 체육 tǐ yù

惊讶 (징 야) 의아스럽다 jīng yà

洗脸 (씨 리엔) 세면하다 xǐ liǎn

| 번체자 | 간체자 | |
|---|---|---|
| 颳<br>깎을 괄 | 刮<br>guā<br>꾸아 | 刮 刮 刮 刮 刮 刮 刮 刮<br>刮 |
| 妝<br>단장할 장 | 妆<br>zhuāng<br>쥬앙 | 妆 妆 妆 妆 妆 妆<br>妆 |
| 運<br>옮길 운 | 运<br>yùn<br>윈 | 运 运 运 运 运 运<br>运 |
| 動<br>움직일 동 | 动<br>dòng<br>똥 | 动 动 动 动 动 动<br>动 |

꾸아 펑
刮风 바람이 불다
guā fēng

후아 쥬앙
化妆 화장하다
huà zhuāng

윈 치
运气 운세
yùn qi

후어 똥
活动 운동하다
huó dòng

# 生活用语 [shēng huó yòng yǔ] 성 후어 융 위 생활용어 1

치 추앙
▸ 起床 [qǐ chuáng] 일어나다

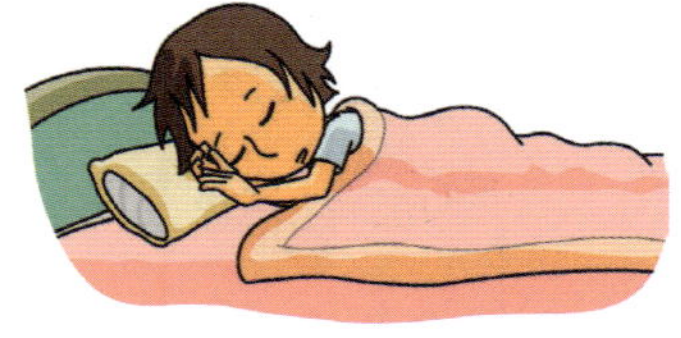

쉐이 지아오
▸ 睡觉 [shuì jiào] 잠자다

시 리엔
▸ 洗脸 [xǐ liǎn] 세수하다

슈아 야
▸ 刷牙 [shuā yá] 이를 닦다

꾸아 리엔
▸ 刮脸 [guā liǎn] 면도하다

린 위
▸ 淋浴 [lín yù] 샤워하다

▶ 吃饭 [chī fàn] 밥을 먹다
(츠 판)

▶ 穿衣服 [chuān yī fu] 옷을 입다
(추안 이 푸)

▶ 化妆 [huà zhuāng] 화장하다
(후아 쥬앙)

▶ 上班 [shàng bān] 출근하다
(샹 빤)

▶ 上学 [shàng xué] 학교에 가다
(샹 쉬에)

▶ 运动 [yùn dòng] 운동을 하다
(윈 똥)

단어를 선택하여 문장을 완성하세요.

有 yǒu, 会 huì, 做 zuò, 在 zài

1. 你家(______)几口人? 당신 집은 식구가 몇명이에요?
nǐ jiā (______) jǐ kǒu rén?
2. 我(______)骑自行车。 저는 자전거를 탈 줄 압니다.
wǒ (______) qí zì xíng chē.
3. 你哥哥(______)什么工作? 당신의 형은 무슨 일 하세요?
nǐ gē ge (______) shén me gōng zuò?
4. 他(______)电视台工作。 그는 방송국에서 일해요.
tā (______) diàn shì tái gōng zuò.

다음 빈 칸에 중국어를 쓰세요.

5. gōng zuò (______) 일하다
6. diàn shì tái (______) 방송국
7. jǐ kǒu rén (______) 몇 식구
8. shēn tǐ (______) 신체
9. zì xíng chē (______) 자전거

1. 有 yǒu 2. 会 huì 3. 做 zuò 4. 在 zài 5. 工作
6. 电视台 7. 几口人 8. 身体 9. 自行车

# DAY 12 어디 아프세요?

## 기본 회화

A : 你哪儿不舒服? (니 나알 뿌 수 푸) Nǐ nǎr bù shū fu? 어디 아프세요?

B : 我感冒了。(워 깐 마오 러) Wǒ gǎn mào le. 감기 걸렸어요.

头很疼。(터우 헌 텅) Tóu hěn téng. 머리가 아파요.

A : 我来看看吧。(워 라이 칸 칸 바) Wǒ lái kàn kàn ba. 내가 좀 볼게요.

### 새 단어

哪儿 nǎr 나알 어디

舒服 shū fu 수 푸 기분이 좋다, 편안하다

感冒 gǎn mào 깐 마오 감기

头(頭) tóu 터우 머리

疼 téng 텅 (육체적으로)아프다

## 해설

· 你哪儿不舒服? (니 나 알 뿌 수 푸) [nǐ nǎr bù shū fu?] : '어디 아프세요?', '어디가 불편하세요?'라고 묻는 말로 보통 병원에서 많이 듣게 된다.

舒服 (수 푸) [shū fu] : 편안하다

不舒服 (뿌 수 푸) [bù shū fu] : 몸이 불편하다

有点不舒服 (여우 디엔 뿌 수 푸) [yǒu diǎn bù shū fu] : 조금 불편하다

不太舒服 (부 타이 수 푸) [bú tài shū fu] : 그다지 편안하지 않다

• 疼 [téng] : '육체적으로 아프다'는 뜻으로 많이 쓰이며, 痛 [tòng]은 문어체에 많이 쓰입니다.

痛 [tòng] 아프다

头疼 [tóu téng] 머리가 아프다

眼睛疼 [yǎn jing téng] 눈이 아프다

肚子疼 [dù zi téng] 배가 아프다

• 了 [le] : 동작 완료를 나타내기도 하지만 여기에서는 문장의 끝에 쓰여서 어떤 상황이 변화되었다는 것을 나타냅니다.

她胖了。[Tā pàng le.] 그녀는 살이 쪘다.

天黑了。[Tiān hēi le.] 날이 어두워졌다.

我感冒了。[Wǒ gǎn mào le.] 나는 감기에 걸렸다.

• 来 [lái] : 보통 '오다'라는 뜻으로 쓰이지만 여기에서는 적극적인 어감을 나타냅니다.

我来唱歌吧。[Wǒ lái chàng gē ba.] 내가 노래해 볼게.

我来介绍一下。[Wǒ lái jiè shào yí xià.] 제가 소개 좀 하겠습니다.

• 看 [kàn] : '보다'라는 뜻으로 想 [xiǎng] '생각하다' 등과 같이 동작이 지속적으로 이어지는 동사는 중첩하면 전체 문장의 의미를 부드럽게 만드는 역할을 합니다.

我来看看吧。[Wǒ lái kàn kan ba.] 내가 좀 볼게요.

你想想办法。[Nǐ xiǎng xiang bàn fǎ.] 네가 방법을 좀 생각해 봐.

## 응용 회화

A: 你怎么了? (니 쩐 머 러) Nǐ zěn me le? 너 왜 그러니?

B: 我感冒了。 (워 깐 마오 러) Wǒ gǎn mào le. 감기에 걸렸어요.

A: 严重吗? (얜 쭝 마) Yán zhòng ma? 심하니?

B: 发烧, 头也很疼。 (파 샤오 터우 예 헌 텅)
Fā shāo, tóu yě hěn téng.
열이 나고 머리도 아파요.

A: 回家休息休息吧。 (훼이 지아 시우 씨 시우 씨 바)
Huí jiā xiū xi xiū xi ba. 집에 돌아가서 좀 쉬렴.

还有, 多喝热水吧。 (하이 여우 뚜어 흐어 르어 쉐이 바)
Hái yǒu, Duō hē rè shuǐ ba. 그리고 뜨거운 물을 많이 마셔.

### 새 단어

- 怎么 zěn me 쩐 머 어떻게
- 严重(嚴) yán zhòng 얜 쭝 심각하다
- 发烧(燒) fā shāo 파 샤오 열이 나다
- 回 huí 훼이 돌아오다(가다)
- 休息 xiū xi 시우 씨 쉬다
- 喝 hē 흐어 마시다
- 热(熱)水 rè shuǐ 르어 쉐이 뜨거운 물

## 해설

- 깐 마오
感冒 [gǎn mào] : '감기', '감기에 걸리다' 두 가지 뜻 모두 포함 됩니다.

  더 러 깐 마오
  得了感冒。[Dé le gǎn mào.] 감기에 걸렸다.

- 앤 쭝
严重 [yán zhòng] : '중대하다', '심각하다', '모질다'라는 뜻으로 어떤 문제가 심각하다, 병세가 위독하다, 결과가 심각하다, 시련이 모질다라고 할 때 쓰입니다.

  원 티 시앙 당 앤 쭝
  问题相当严重。[Wèn tí xiāng dāng yán zhòng.] 문제가 매우 심각하다.

  부 타이 앤 쭝
  不太严重。[Bú tài yán zhòng.] 그다지 심하지 않아요.

- 바
吧 [ba] : 상의, 제의, 명령의 느낌을 나타냅니다. 문장 끝에 쓰여서 동의를 구하거나 부탁을 하거나 약한 명령을 나타냅니다. ~해(가벼운 명령), ~합시다(제안), ~이지?(추측)

  쪼우 바
  走吧! [Zǒu ba!] 갑시다!

  니 츠 판 바
  你吃饭吧。[Nǐ chī fàn ba.] 밥 먹어.

  게이 워 바
  给我吧。[Gěi wǒ ba.] 나에게 줘.

  하오 바
  好吧。[Hǎo ba.] 좋다.

  샹 츠어 바
  上车吧。[Shàng chē ba.] 차 타라.

  타 스 쭝 구어 런 바
  她是中国人吧? [Tā shì zhōng guó rén ba?] 그녀는 중국인이지?

## 단어를 선택하여 문장을 완성하세요.

感冒 gǎn mào, 很 hěn, 怎么 zěn me, 舒服 shū fu, 回 huí

1. 你哪儿不(_____)? 어디 아프세요?
   nǐ nǎr bù (_____)?
2. 我(_____)了。 감기에 걸렸다.
   wǒ (_____) le.
3. (_____)家休息休息吧。 집에 돌아가서 좀 쉬렴.
   (_____) jiā xiū xi xiū xi ba.
4. 头(_____)疼。 머리가 아파요.
   tóu (_____) téng.
5. 你(_____)了? 너 왜 그러니?
   nǐ (_____) le?

## 한자를 써 보세요.

6. shū fu (_____) 편안하다
7. xiū xi (_____) 쉬다
8. gǎn mào (_____) 감기
9. yán zhòng (_____) 심각하다
10. fā shāo (_____) 열이 나다
11. huí jiā (_____) 집에 돌아가다

1. 舒服 shū fu 2. 感冒 gǎn mào 3. 回 huí 4. 很 hěn 5. 怎么 zěn me
6. 舒服 7. 休息 8. 感冒 9. 严重 10. 发烧
11. 回家

## 번체자 · 간체자 쓰기

| 번체자 | 간체자 | 쓰기 |
|---|---|---|
| 嚴<br>엄할 엄 | 严<br>yán<br>앤 | 严 严 严 严 严 严 严<br>严 |
| 燒<br>불사를 소 | 烧<br>shāo<br>샤오 | 烧 烧 烧 烧 烧 烧 烧 烧 烧 烧<br>烧 |
| 辦<br>힘쓸 판 | 办<br>bàn<br>빤 | 办 办 办 办<br>办 |
| 計<br>셀 계 | 计<br>jì<br>지 | 计 计 计 计<br>计 |

严重(앤쭝) 심각하다 yán zhòng

发烧(파 샤오) 열이 나다 fā shāo

办公室(빤 꽁 스) 사무실 bàn gōng shì

计算(지 쑤안) 계산하다 jì suàn

| 번체자 | 간체자 | |
|---|---|---|
| 掃<br>쓸 소 | 扫<br>sǎo<br>싸오 | 扫 扫 扫 扫 扫 扫<br>扫 |
| 雜<br>섞일 잡 | 杂<br>zá<br>자 | 杂 杂 杂 杂 杂 杂<br>杂 |
| 樂<br>풍류 악 | 乐<br>yuè<br>위에 | 乐 乐 乐 乐 乐<br>乐 |
| 夢<br>꿈 몽 | 梦<br>mèng<br>멍 | 梦 梦 梦 梦 梦 梦 梦 梦 梦 梦 梦<br>梦 |

싸오 추<br>扫除 청소하다<br>sǎo chú

자 즈<br>杂志 잡지<br>zá zhì

인 위에<br>音乐 음악<br>yīn yuè

멍 시앙<br>梦想 꿈<br>mèng xiǎng

# 生活用语 [shēng huó yòng yǔ] 성 후어 융 위 생활용어 2

▶ 打电话 (따 디엔 후아)
[dǎ diàn huà] 전화를 걸다

▶ 打扫 (따 싸오)
[dǎ sǎo] 청소하다

▶ 听音乐 (팅 인 위에)
[tīng yīn yuè] 음악을 듣다

▶ 唱歌 (창 끄어)
[chàng gē] 노래를 부르다

▶ 写信 (시에 씬)
[xiě xìn] 편지를 쓰다

▶ 做菜 (쭈오 차이)
[zuò cài] 요리하다

▶ 弹吉他 (탄 지 타)
[tán jí tā] 기타를 치다

▶ 抽烟 (쵸우 옌) [chōu yān]
담배를 피우다

▶ 看电影 (칸 띠엔 잉)
[kàn diàn yǐng] 영화를 보다

▶ 约会 (위에 후이) [yuē huì]
데이트하다

▶ 问路 (원 루) [wèn lù]
길을 묻다

▶ 问好 (원 하오)
[wèn hǎo] 인사하다

## DAY 13 지금 몇 시입니까?

### 기본 회화

A: 快起床! (콰이 치 창) Kuài qǐ chuáng! 빨리 일어나!

B: 现在几点? (시엔 짜이 지 디엔)
Xiàn zài jǐ diǎn? 지금 몇 시예요?

A: 六点半。 (리우 디엔 빤) Liù diǎn bàn. 6시 반이야.

B: 我再睡十分钟。 (워 짜이 쉐이 스 펀 쭝)
Wǒ zài shuì shí fēn zhōng. 10분만 더 잘게요.

A: 你几点去学校? (니 지 디엔 취 쉬에 시아오) nǐ jǐ diǎn qù xué xiào? 너 몇 시에 학교 가니?

B: 我八点十分去学校。 (워 빠 디엔 스 펀 취 쉬에 시아오)
Wǒ bā diǎn shí fēn qù xué xiào. 저는 8시 10분에 학교 가요.

### 새 단어

快 kuài 콰이 빨리, 빠르다
起床 qǐ chuáng 치 창 일어나다
现在 xiàn zài 시엔 짜이 지금, 현재
几点 jǐ diǎn 지 디엔 몇 시
六点 liù diǎn 리우 디엔 6시

半 bàn 빤 반, 절반
睡 shuì 쉐이 자다
分 fēn 펀 분
钟(鐘) zhōng 쫑 시간, 시

## 해설

디엔 디엔
- 点(點) [diǎn] : 회화에서 시간의 단위인 '시'는 숫자 뒤에 点(點)을 써서 나타내고,
리앙 디엔
2시는 两点 [liǎng diǎn]으로 읽습니다.
디엔 시아오 스
시간의 경과나 진행을 나타내는 '시간'은 点 대신 小时 [xiǎo shí]를 씁니다.
리앙 디엔
两点 [liǎng diǎn] 2시
리앙 거 시아오 스
两个小时 [liǎng ge xiǎo shí] 2시간
짜오 빠 디엔 짜오 샹 빠 디엔
早八点 [zǎo bā diǎn] 또는 早上八点 [zǎo shang bā diǎn] 아침 8시
빠 거 시아오 스
八个小时 [bā ge xiǎo shí] 8시간

- **시간**

시간을 말할 때 시 숫자 뒤에 '디엔'을 씁니다.
얼 디엔 리앙 디엔
※ 주의 : 2시는 二点 [èr diǎn]이 아니고, 两点 [liǎng diǎn]임을 주의합니다.

| | |
|---|---|
| 1시 一点 [yī diǎn] 이 디엔 | 7시 七点 [qī diǎn] 치 디엔 |
| 2시 两点 [liǎng diǎn] 리앙 디엔 | 8시 八点 [bā diǎn] 빠 디엔 |
| 3시 三点 [sān diǎn] 싼 디엔 | 9시 九点 [jiǔ diǎn] 지어우 디엔 |
| 4시 四点 [sì diǎn] 쓰 디엔 | 10시 十点 [shí diǎn] 스 디엔 |
| 5시 五点 [wǔ diǎn] 우 디엔 | 11시 十一点 [shí yī diǎn] 스이 디엔 |
| 6시 六点 [liù diǎn] 리우 디엔 | 12시 十二点 [shí èr diǎn] 스얼 디엔 |

펀 빤 싼 스 펀
▷ 분은 分 [fēn]을 서서 나타냅니다. 30분은 半 [bàn]이라고도 하고, 三十分 [sān shí
이 커 싼 크어
fēn]이라고도 합니다. 그리고 15분은 一刻 [yí kè], 45분은 三刻 [sān kè]로도 씁니다.

'○시○분 전'은 差(차) [chà](부족하다) 라는 단어로 표현합니다.

差一分六点(차 이 펀 리우 디엔) [chà yì fēn liù diǎn] 6시 1분 전

差一刻四点(차 이 커 쓰 디엔) [chà yí kè sì diǎn] 4시 15분 전

三点四十五分(싼 디엔 쓰 스 우 펀) [sān diǎn sì shí wǔ fēn] 3시 45 분

两点零五分(리앙 디엔 링 우 펀) [liǎng diǎn líng wǔ fēn] 2시 5분

※ 분이 한자리수면 앞에 零을 씁니다.

五分(우 펀) [wǔ fēn] 5분

十分(스 펀) [shí fēn] 10분

三十分(싼 스 펀) [sān shí fèn] 또는 半(빤) [bàn] 30분

十五分(스 우 펀) [shí wǔ fēn] 또는 一刻(이 커) [yí kè] 15분

四十五分(쓰 스 우 펀) [sì shí wǔ fēn] 또는 三刻(싼 커) [sān kè] 45분

**중국이 보인다! | 숫자 8의 의미**

중국 남방에서는 숫자8(八파)의 발음이 필발(发파아)과 비슷한 **发财**(프아차이), 즉 큰돈을 벌 수 있다는 의미로 쓰여 숫자 8이 들어가는 것을 좋아합니다.
예를 들면 전화번호나 승용차 번호판도 숫자 8이 많을수록 고가라고 합니다. 만약 도로에서 88888인 번호판을 보았다면 중국의 최고 권력자나 재력가라고 할 수 있습니다. 또한 2008년 베이징 올림픽을 개최하는 시간도 2008년 8월 8일 오후 8시 (현지 시각)이었습니다. 중국인들이 8을 얼마나 좋아하는지 실감하시겠죠?

## 응용 회화

니 메이 티엔 지 디엔 치 촹
A : 你每天几点起床?
Nǐ měi tiān jǐ diǎn qǐ chuáng? 매일 몇 시에 일어나니?

워 짜오 샹 치 디엔 치 촹
B : 我早上七点起床。
Wǒ zǎo shang qī diǎn qǐ chuáng.
아침 일곱 시에 일어나.

니 메이 티엔 지 디엔 쉐이 지아오
A : 你每天几点睡觉?
Nǐ měi tiān jǐ diǎn shuì jiào?
매일 몇 시에 자니?

워 완 샹 스 이 디엔 쉐이 지아오
B : 我晚上十一点睡觉。
Wǒ wǎn shang shí yī diǎn shuì jiào. 매일 저녁 열한 시에 자.

빠 바 메이 티엔 지 디엔 샹 빤
A : 爸爸每天几点上班?
Bà ba měi tiān jǐ diǎn shàng bān? 아빠는 매일 몇 시에 출근하시니?

타 메이 티엔 쟈오 샹 빠 디엔 빤 샹 빤
B : 他每天早上八点半上班。
Tā měi tiān zǎo shang bā diǎn bàn shàng bān.
그는 매일 아침 8시 반에 출근하셔.

### 새 단어

晚上 wǎn shang 완 샹 저녁
上班 shàng bān 샹 빤 출근하다
每天 měi tiān 메이 티엔 매일

## 평가 테스트

练习题

### 중국어 독음에 해당하는 시각을 우리말로 적어 보세요.

例 sān diǎn (3시)

1. liǎng diǎn bàn. ( ________ )
2. wǔ diǎn sì shí fēn. ( ________ )
3. wǎn shang jiǔ diǎn. ( ________ )
4. jǐ diǎn? ( ________ )
5. zǎo shang liù diǎn. ( ________ )

### 시계를 보고 중국어로 표기해 보세요.

6.

( ________________ )

7.

( ________________ )

8.

( ________________ )

9.

( ________________ )

1. 2시 반　2. 5시 40분　3. 저녁 9시　4. 몇 시?　5. 아침 6시
6. 一点三十分　7. 两点四十分　8. 五点零五分　9. 一点四十五分

## 번체자 · 간체자 쓰기

| 번체자 | 간체자 | |
|---|---|---|
| 現<br>나타날 현 | 现<br>xiàn<br>시엔 | 现 现 现 现 现 现 现 现<br>现 |
| 習<br>익힐 습 | 习<br>xí<br>시 | 习 习 习<br>习 |
| 鐘<br>종 종 | 钟<br>zhōng<br>쭝 | 钟 钟 钟 钟 钟 钟 钟 钟 钟<br>钟 |
| 覺<br>깨달을 각 | 觉<br>jiào<br>지아오 | 觉 觉 觉 觉 觉 觉 觉 觉 觉<br>觉 |

现在 지금 (시엔 짜이) xiàn zài

习惯 습관 (시 관) xí guàn

十分钟 10분 (스 펀 쭝) shí fēn zhōng

睡觉 자다 (쉐이 지아오) shuì jiào

| 번체자 | 간체자 | |
|---|---|---|
| 蓋<br>덮을 개 | 盖<br>gài<br>까이 | 盖 盖 盖 盖 盖 盖 盖 盖 盖 盖 盖<br>盖 |
| 圖<br>그림 도 | 图<br>tú<br>투 | 图 图 图 图 图 图 图 图<br>图 |
| 覽<br>볼 람 | 览<br>lǎn<br>란 | 览 览 览 览 览 览 览 览 览<br>览 |
| 藥<br>약 약 | 药<br>yào<br>야오 | 药 药 药 药 药 药 药 药 药<br>药 |

까이 장
盖章 도장을 찍다
gài zhāng

띠 투
地图 지도
dì tú

여우 란
游览 유람하다
yóu lǎn

푸 야오
服药 복약하다
fú yào

# 街 [jiē] 지에 거리

쉬에 시아오
▶ 学校 [xué xiào] 학교

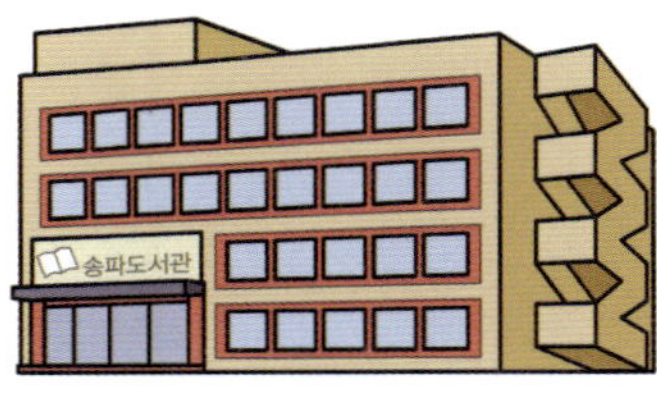


투 슈 관
▶ 图书馆 [tú shū guǎn] 도서관

이 위엔
▶ 医院 [yī yuàn] 병원

야오 팡
▶ 药房 [yào fáng] 약국

여우 쥐
▶ 邮局 [yóu jú] 우체국

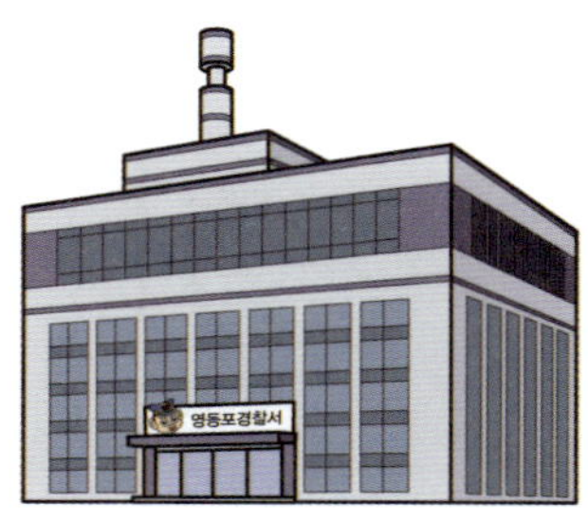


파이 추 수어
▶ 派出所 [pài chū suǒ] 파출소

바이 후어 따 로우
▸ 百货大楼
[bǎi huò dà lóu] 백화점

띠엔 잉 위엔
▸ 电影院
[diàn yǐng yuàn] 영화관

짠
▸ 站 [zhàn] 역

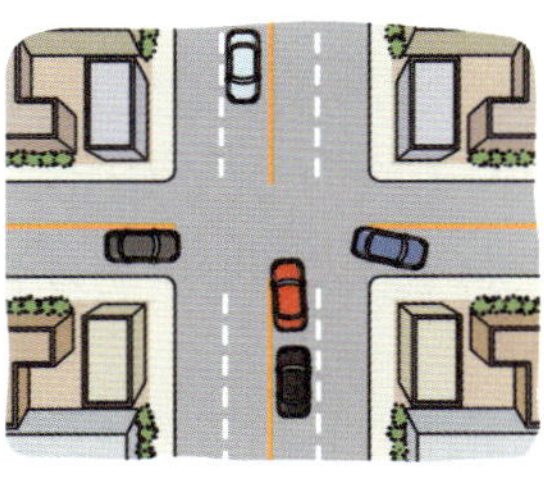

스 쯔 루 코우
▸ 十字路口
[shí zì lù kǒu] 사거리

런 씽 헝 따오
▸ 人行横道
[rén xíng héng dào] 횡단보도

꽁 위
▸ 公寓 [gōng yù] 아파트

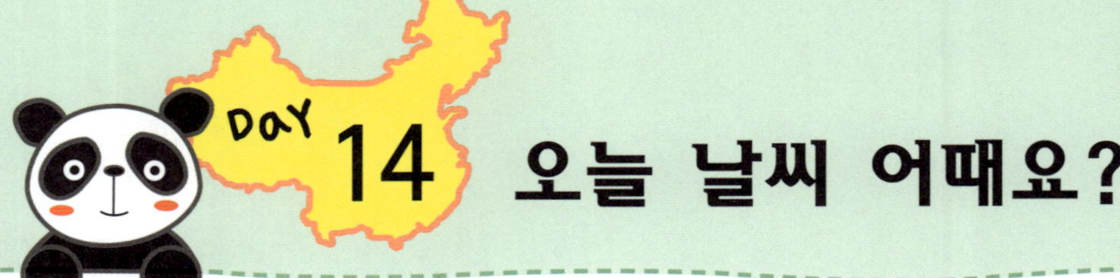

# DAY 14 오늘 날씨 어때요?

## 기본 회화

진 티엔 티엔 치 쩐 머 양

A : 今天天气怎么样?

Jīn tiān tiān qì zěn me yàng? 오늘 날씨 어때요?

쭈어 티엔 여우 디 알 렁

B : 昨天有点儿冷。 Zuó tiān yǒu diǎnr lěng. 어제는 조금 추웠어요.

진 티엔 비 쭈어 티엔 놘 후어

今天比昨天暖和。

Jīn tiān bǐ zuó tiān nuǎn huo. 오늘은 어제보다 따뜻합니다.

티엔 치 위 빠오 슈어 밍 티엔 훼이 시아 위

A : 天气预报说明天会下雨。

Tiān qì yù bào shuō míng tiān huì xià yǔ.

일기예보에서 내일은 비가 올 거라고 했습니다.

스 마

B : 是吗? Shì ma? 그래요?

## 새 단어

今天 jīn tiān 진 티엔 오늘

天气 tiān qì 티엔 치 날씨

怎么样 zěn me yàng 쩐 머 양 어때요?

昨天 zuó tiān 쭈어 티엔 어제

有点儿 yǒu diǎnr 여우 디 알 조금

冷 lěng 렁 춥다, 차다

比 bǐ 비 ~보다

暖和 nuǎn huo 놘 후어 따뜻하다

天气预报 tiān qì yù bào 티엔 치 위 빠오 일기예보

说 shuō 슈어 말하다

明天 míng tiān 밍 티엔 내일

会 huì 훼이 ~일 것이다, ~일지도 모른다

下 xià 시아 (눈, 비 등이) 내리다

雨 yǔ 위 비

## 해설

· 怎么样 [zěn me yàng] : 문장 끝에서 '~은 어떻습니까?'의 뜻으로 자주 쓰이는 표현으로 '건강'이나 '날씨', '요즘 상황' 등을 물을 때 쓰입니다.

味道怎么样? [Wèi dào zěn me yàng?] 맛이 어떻습니까?

天气怎么样? [Tiān qì zěn me yàng?] 날씨 어때요?

· 比 [bǐ] : 두 개의 사물을 비교하여 '~보다 더 ~하다'라고 결과를 표시할 때 사용합니다.

A + 比 + B + 비교의 결과

我比你高。[Wǒ bǐ nǐ gāo.] 나는 너보다 키가 크다.

比를 이용하여 부정하려면 不比 [bù bǐ]로 합니다.

我不比他高。[Wǒ bù bǐ tā gāo.] 나는 그 사람보다 크지 않다.

今天比昨天冷。[Jīn tiān bǐ zuó tiān lěng.] 오늘은 어제보다 추워요.

姐姐比我漂亮。[Jiě jie bǐ wǒ piào liang.] 언니는 나보다 예뻐요.

· 会 [huì] : 능력을 표시하는 능원동사로써 '할 줄 안다', '할 수 있다'는 표현입니다. 배운 결과로 얻어진 능력을 표시하고 또 추측을 나타내기도 합니다.

会开车。[Huì kāi chē.] 운전을 할 줄 알다.

会写汉字。[Huì xiě hàn zì.] 한자를 쓸 줄 안다.

我会说汉语。[Wǒ huì shuō hàn yǔ.] 나는 중국어를 말할 줄 안다.(능력)

明天会下雨。[Míng tiān huì xià yǔ.] 내일 비가 올 것 같다.(추측)

她会来。[Tā huì lái.] 그녀는 올 것이다.(추측)

## 응용 회화

타 훼이 라이 마
A : 她会来吗? Tā huì lái ma? 그녀는 올까요?

이 징 쯔어 머 완 러 타 부 훼이 라이 더
B : 已经这么晚了，她不会来的。
Yǐ jīng zhè me wǎn le, tā bú huì lái de.
벌써 이렇게 늦었으니 그녀는 오지 않을 것입니다.

타 짜이 나 알
A : 他在哪儿。 Tā zài nǎr. 그는 어디 있어요?

시엔 짜이 타 훼이 짜이 쑤 스어
B : 现在他会在宿舍。
Xiàn zài tā huì zài sù shè.
지금 그는 기숙사에 있을 것입니다.

끄어 거 비 워 따 싼 쒜이
A : 哥哥比我大三岁。
Gē ge bǐ wǒ dà sān suì. 형은 나보다 세 살 많다.

타 비 워 까오 이 디 알
他比我高一点儿。
Tā bǐ wǒ gāo yì diǎnr. 그는 나보다 키가 조금 크다.

### 새 단어

| | | |
|---|---|---|
| 已经 yǐ jīng 이 징 벌써, 이미 | | 现在 xiàn zài 시엔 짜이 현재, 지금 |
| 这么 zhè me 쯔어 머 이렇게 | | 宿舍 sù shè 쑤 스어 기숙사 |
| 晚 wǎn 완 늦다 | | 大 dà 따 (크기) 크다, (나이) 많다 |
| 在 zài 짜이 (어떤 장소) ~에 있다 | | 高 gāo 까오 크다 |

## 해설

· **会~的** [huì~de] : **的**는 딱 잘라 단정하는 어기조사로서 **不会~的**, **会~的**의 형태로 '반드시 ~할 것이다'라는 뜻입니다.

你的病会好的。[Nǐ de bìng huì hǎo de.] 당신의 병은 나을 것입니다.
她不会来的。[Tā bú huì lái de.] 그녀는 오지 않을 것입니다.

비교문에서 비교한 결과로 나타난 차이의 양은 형용사의 뒤에 옵니다

这个比那个重一斤。[Zhè ge bǐ nà ge zhòng yì jīn.]
이것은 저것보다 1근 무겁다.

哥哥比我大三岁。[Gē ge bǐ wǒ dà sān suì.] 형은 나보다 세 살 많다
他比我高一点儿。[Tā bǐ wǒ gāo yì diǎnr.] 그는 나보다 키가 조금 크다

번체자 · 간체자 **쓰기**

| 번체자 | 간체자 | |
|---|---|---|
| 豫<br>미리 예 | 预<br>yù<br>위 | 预 预 预 预 预 预 预 预 预 预<br>预 |
| 報<br>알릴 보 | 报<br>bào<br>빠오 | 报 报 报 报 报 报 报<br>报 |
| 湯<br>끓일 탕 | 汤<br>tāng<br>탕 | 汤 汤 汤 汤 汤 汤<br>汤 |
| 說<br>말씀 설 | 说<br>shuō<br>슈어 | 说 说 说 说 说 说 说 说 说<br>说 |

预习(위 씨) 예습하다 yù xí

报纸(빠오 즈) 신문 bào zhǐ

汤圆(탕 위안) 탕위안 tāng yuán

说话(슈어 후아) 말하다 shuō huà

| 번체자 | 간체자 | |
|---|---|---|
| 剛<br>굳셀 강 | 刚<br>gāng<br>깡 | 刚 刚 刚 刚 刚 刚<br>刚 |
| 盡<br>다할 진 | 尽<br>jìn<br>찐 | 尽 尽 尽 尽 尽 尽<br>尽 |
| 曆<br>책력 력 | 历<br>lì<br>리 | 历 历 历 历<br>历 |
| 鐵<br>쇠 철 | 铁<br>tiě<br>티에 | 铁 铁 铁 铁 铁 铁 铁 铁 铁 铁<br>铁 |

깡 차이
刚才 지금 막
gāng cái

찐 리
尽力 온 힘을 다하다
jìn lì

찡 리
经历 경험하다
jīng lì

띠 티에
地铁 지하철
dì tiě

## 交通 [jiāo tōng] 지아오 텅 교통

치 처
▶ 汽车 [qì chē] 자동차

꽁 꽁 치 처
▶ 公共汽车
[gōng gòng qì chē] 버스

후어 처
▶ 火车 [huǒ chē] 열차

띠 티에
▶ 地铁 [dì tiě] 지하철

페이 지
▶ 飞机 [fēi jī] 비행기

즈 셩 페이 지
▶ 直升飞机
[zhí shēng fēi jī] 헬리콥터

추안
▶ 船 [chuán] 배

모 투어 처
▶ 摩托车
[mó tuō chē] 오토바이

타 반 처
▶ 踏板车
[tà bǎn chē] 스쿠터

쯔 싱 처
▶ 自行车
[zì xíng chē] 자전거

카 처
▶ 卡车 [kǎ chē] 트럭

떵 지 파이
▶ 登机牌
[dēng jī pái] 탑승권

练习题

## 평가 테스트

### 알맞은 단어를 써 넣어 문장을 완성하세요.

| 比 bǐ, 会 huì, 的 de, 有点儿 yǒu diǎnr,<br>一点儿 yì diǎnr, 怎么样 zěn me yàng |
|---|

1. 今天(______)热。　오늘은 조금은 더워요.
   jīn tiān (______) rè.
2. 今天比昨天冷(______)。　오늘은 어제보다 조금 추워요.
   jīn tiān bǐ zuó tiān lěng (______).
3. 妹妹(______)我小五岁。　여동생은 나보다 5살 작아요.
   mèi mei (______) wǒ xiǎo wǔ suì.
4. 她会来(______)。　그녀는 올 것입니다.
   tā huì lái (______).
5. 你(______)骑自行车吗?　당신은 자전거를 탈 줄 압니까?
   nǐ (______) qí zì xíng chē ma?
6. 你身体(______)?　당신 몸은 어떠십니까?
   nǐ shēn tǐ (______)?

### 한자를 쓰세요.

7. 오늘 jīn tiān (______)
8. 내일 míng tiān (______)
9. 어제 zuó tiān (______)
10. 날씨 tiān qì (______)
11. 비가 내리다 xià yǔ (______)
12. 지금 xiàn zài (______)
13. 어떻습니까? zěn me yàng (______)

1. 有点儿 yǒu diǎnr　2. 一点儿 yì diǎnr　3. 比 bǐ　4. 的 de　5. 会 huì
6. 怎么样 zěn me yàng　7. 今天　8. 明天　9. 昨天
10. 天气　11. 下雨　12. 现在　13. 怎么样

# DAY 15 소고기 한 근에 얼마예요?

## 기본 회화

니우 로우 뚜오 샤오 치엔 이 찐
A : 牛肉多少钱一斤?
Niú ròu duō shǎo qián yì jīn? 소고기 한 근에 얼마예요?

얼 스 콰이 치엔 이 찐
B : 二十块钱一斤。
Èr shí kuài qián yì jīn. 한 근에 20원이에요.

야오 지 찐
要几斤? Yào jǐ jīn? 얼마를 사시겠어요?

야오 싼 찐
A : 要三斤。 Yào sān jīn. 세 근 주세요.

쯔어 거 뚜오 샤오 치엔
这个多少钱? Zhè ge duō shǎo qián? 이것은 얼마입니까?

이 바이 콰이 치엔
B : 一百块钱。 Yì bǎi kuài qián. 100위안입니다.

타이 꿰이 러 피엔 이 이 디 알 바
A : 太贵了。便宜一点儿吧。
Tài guì le. Pián yi yì diǎnr ba. 너무 비싸요. 좀 싸게 해 주세요.

## 새 단어

牛 niú 니우 소
肉 ròu 로우 (가축) 고기
牛肉 niú ròu 니우 로우 소고기
多少 duō shǎo 뚜오 샤오 얼마, 몇
钱(錢) qián 치엔 돈
一斤 yì jīn 이 찐 한 근
块(塊) kuài 콰이 화폐 단위, 위안의 구어체 표현
要 yào 야오 원하다, 필요하다
几(幾) jǐ 지 몇
太 tài 타이 너무
贵(貴) guì 꿰이 비싸다
便宜 pián yi 피엔 이 (가격) 싸다

## 해설

- 뚜오 샤오
多少 [duō shǎo] : 수량을 묻는 의문사입니다. '얼마간', '다소', '많고 적음'을 나타내며 수량의 제한을 받지 않습니다.

- 뚜오 샤오 치엔
多少钱 [duō shǎo qián] : '얼마입니까?'라는 뜻의 가격을 묻는 표현입니다.

  쯔어 거 뚜오 샤오 치엔
  这个多少钱? [zhè ge duō shǎo qián?] 이것은 얼마입니까?
  쯔어 지엔 이 푸 뚜오 샤오 치엔
  这件衣服多少钱? [zhè jiàn yī fu duō shǎo qián?] 이 옷은 얼마입니까?
  뚜오 샤오 치엔 이 쑤왕
  多少钱一双? [duō shǎo qián yì shuāng?] 한 켤레(양말)에 얼마예요?

- 지
几 [jǐ] : 개수를 묻는 의문사로 10 이하의 수를 물어 볼 때 사용합니다. 뒤에 꼭 양사가 붙는데 뚜오 샤오 多少는 그런 제한을 받지 않습니다.

  니 지 쉐이
  你几岁? [nǐ jǐ suì?] 너 몇 살이니?
  니 야오 지 찐
  你要几斤? [nǐ yào jǐ jīn?] 몇 근 필요하세요?

- 一 [yī]의 성조 변화

  ① 숫자 一은 원래 제1성 [yī]으로 발음합니다.

  · 서수, 순서, 등수, 순번 등 '첫번째'를 표시할 때

    띠 이
    第一 [dì yī] 제일, 일등
    이 니엔 지
    一年级 [yī nián jí] 1학년

  · 숫자 계산 : 수학의 구구단이나 계산식에 쓰일 때

    지어우 이 더 지어우
    九一得九 [jiǔ yī dé jiǔ] 9×1=9

② 2성 [yí]이나 4성 [yì]으로 바뀌는 경우

· 제2성으로 발음하는 경우 : 뒤에 제4성이 올 때(一 + 제4성)

이 츠
一次 [yí cì] 한 차례

이 꽁
一共 [yí gòng] 합계, 전부, 모두

· 제4성으로 발음하는 경우 : 뒤에 1성, 2성, 3성이 올 때

이 셩
一生 [yì shēng] 일생

이 디 알
一点儿 [yì diǎnr] 조금

이 티엔
一天 [yì tiān] 하루, 1일

이 바이 콰이 치엔
• 一百块钱 [yì bǎi kuài qián] 100위안입니다.

우리는 '백'이라고 읽지만 중국어에서는 '일백'이라고 합니다. 중국어에서는 백 단위의 앞에 반드시 숫자 '一'를 덧붙여 읽어야 정확한 표현이 됩니다.

이 바이 우 스 싼
一百五十三 [yì bǎi wǔ shí sān] 일백오십삼

※ 우리는 '백오십삼'이라고 읽지만 중국에서는 '일백오십삼'이 맞는 표현입니다.

## ★ 중국에서 숫자 읽기

1. 1에서 10까지의 수

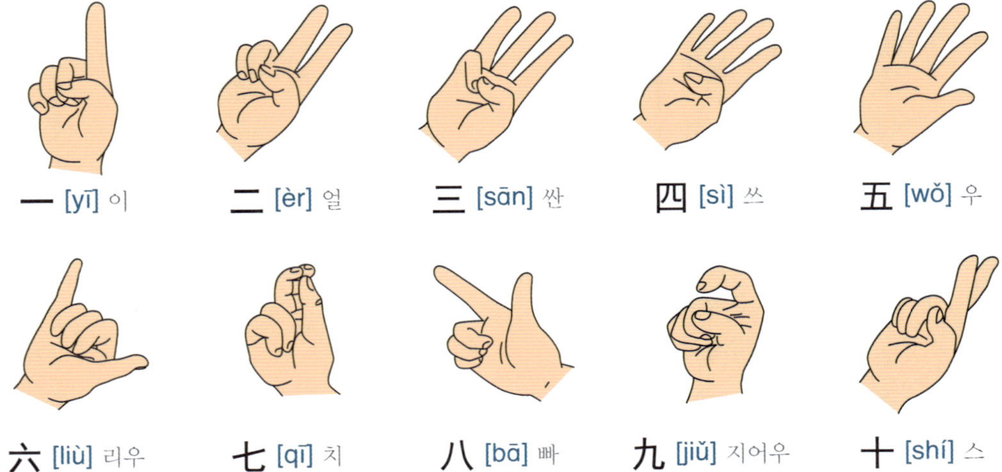


2. 단위를 나타내는 수

十 [shí] 스
百 [bǎi] 바이
千 [qiān] 치엔
万 [wàn] 완(萬)
亿 [yì] 이(億)

3. 11에서 99까지

十一 [shí yī] 스 이
十二 [shí èr] 스 얼
十三 [shí sān] 스 싼
十四 [shí sì] 스 쓰
十五 [shí wǔ] 스 우
十六 [shí liù] 스 리우
十七 [shí qī] 스 치
十八 [shí bā] 스 빠
十九 [shí jiǔ] 스 지어우
二十 [èr shí] 얼 스
三十 [sān shí] 싼 스
四十 [sì shí] 쓰 스
五十 [wǔ shí] 우스
六十 [liù shí] 리우 스
七十 [qī shí] 치 스
八十 [bā shí] 빠 스
九十 [jiǔ shí] 지어우 스
二十一 [èr shí yī] 얼 스 이
二十二 [èr shí èr] 얼 스 얼
九十九 [jiǔ shí jiǔ] 지어우 스 지어우

4. 10 十 [shí]는 20 미만을 나타낼 때는 一을 쓰지 않고

一十一 (×)　一十三 (×)

十가 100 이상을 나타낼 때는 '一'를 붙여 읽습니다.

113 = 一百一十三 [yì bǎi yī shí sān] 이 바이 이 스 싼

1015 = 一千零一十五 [yì qiān líng yī shí wǔ] 이 치엔 링 이 스 우

하지만 十가 千, 万하고 결합할 때는 一를 붙이지 않습니다.

十六万 [shí liù wàn] 스리우 완

三十五亿 [sān shí wǔ yì] 싼 스 우이

5. 100 : 一百 [yì bǎi] 이 바이

600 : 六百 [liù bǎi] 리우 바이

1,000 : 一千 [yì qiān] 이 치엔

7,000 : 七千 [qī qiān] 치 치엔

10,000 : 一万 [yí wàn] 이 완

600,000 : 六十万 [liù shí wàn] 리우 스 완

1,000,000 : 一百万 [yì bǎi wàn] 이 바이 완

6. 수 중간에 0이 오면 링을 사용합니다.

1,012 : 一千零一十二 [yì qiān líng yī shí èr] 이 치엔 링 이 스 얼

1,010 : 一千零一十 [yì qiān líng yī shí] 이 치엔 링 이 스

## ★ 중국의 화폐

• 중국의 화폐 (人民币 [rén mín bì]) 단위는 元(위엔) [yuán], 角(지아오) [jiǎo], 分(펀) [fēn] 등이 있는데 문어체와 구어체에서 서로 다르게 쓰입니다.

元(위엔) [yuán] 문어체, 块(콰이) [kuài]는 구어체에서 쓰이며 뒤에 钱(치엔)을 붙입니다.

角(지아오) [jiǎo]는 문어체, 毛(마오) [máo]는 구어체에서 쓰입니다.

分(펀) [fēn] 은 문어체와 구어체 구별 없이 모두 쓰입니다.

10分은 一毛(角)(이 마오 지아오) [yī máo(jiǎo)] (문어체)

10毛는 一块(元)(이 콰이 위엔) [yí kuài(yuán)] (구어체)

## ★ 숫자 읽기

¥ 56.5　五十六元五角，五十六块五毛 (우 스 리우 위엔 우 지아오, 우 스 리우 콰이 우 마오)

¥ 321.5　三百二十一元五角，三百二十一块五毛 (싼 바이 얼 스 이 위엔 우 지아오, 싼 바이 얼 스 이 콰이 우 마오)

**중국이 보인다!** | **화폐**

중국의 화폐는 지폐와 동전으로 이루어져 있는데, 모든 지폐에는 마우 저뚱(**毛泽东** 오저뚱)이 그려져 있습니다. 중국이 발전함에 따라 현재는 환율도 많이 상승하여 100위안은 우리 돈으로 약 18,000원 정도 합니다. 중국어로 위안은 구어(**口语**)로 콰이(**块**)라고 하고 찌요(**角**)는 구어로 마오(**毛**)라고 합니다.

0.5위엔 **五角** (=**五毛**)
1위엔 **一元** (=**一块**)
5위엔 **五元** (=**五块**)
10위엔 **十元** (=**十块**)
50위엔 **五十元** (=**五十块**)
100위엔 **一百元** (=**一百元**)

## 응용 회화

쯔어 거 핑 구어 쩐 티엔
A：这个苹果真甜。
Zhè ge píng guǒ zhēn tián.
이 사과는 정말 달아요.

쯔어 스 워 쭈어 티엔 마이 더
B：这是我昨天买的。
Zhè shì wǒ zuó tiān mǎi de.
이것은 내가 어제 산 것입니다.

뚜오 샤오 치엔 이 찐
A：多少钱一斤？ Duō shǎo qián yì jīn? 한 근에 얼마예요?

우 콰이 치엔 이 찐
B：五块钱一斤。 Wǔ kuài qián yì jīn. 한 근에 5위안이에요.

헌 피엔 이
A：很便宜。 Hěn pián yi. 아주 싸네요.

씨 과 뚜어 샤오 치엔 이 찐
西瓜多少钱一斤？
Xī guā duō shǎo qián yì jīn? 수박 한 근에 얼마예요?

스 콰이 치엔 이 찐
B：十块钱一斤。 Shí kuài qián yì jīn. 한 근에 10위안이에요.

여우 디 알 꿰이
A：有点儿贵。 Yǒu diǎnr guì. 좀 비싸네요.

### 새 단어

苹果 píng guǒ 핑 구어 사과
真(眞) zhēn 쩐 정말
甜 tián 티엔 달다
昨天 zuó tiān 쭈어 티엔 어제
买(買) mǎi 마이 사다
西瓜 xī guā 씨 과 수박

## 해설

스 더<br>
· **是～的** [shì~de] : 행위가 행해지는 시간, 장소, 방식 등을 구체적으로 강조해서 말할 때 쓰는 문장입니다. 是와 的 사이에 강조되는 내용을 넣습니다.

타 메이 메이 쭈어 티엔 라일 러<br>
他妹妹昨天来了。[Tā mèi mei zuó tiān lái le.] 그의 누이는 어제 왔다.

타 메이 메이 스 쭈어 티엔 라이 더<br>
他妹妹是昨天来的。[Tā mèi mei shì zuó tiān lái de.]

그의 누이는 어제 왔었다.(강조)

※ 이 문장에서는 '어제 왔다'는 것을 강조합니다.

쯔어 스 쉐이 흐어 더 지어우<br>
这是谁喝的酒? [Zhè shì shéi hē de jiǔ?] 이것은 누가 마신 술이에요?<br>
쯔어 스 마 마 흐어 더 지어우<br>
这是妈妈喝的酒。[Zhè shì māma hē de jiǔ.] 이것은 엄마가 마신 술입니다.<br>
쯔어 스 쉐이 흐어 더<br>
这是谁喝的? [Zhè shì shéi hē de?] 이것은 누가 마신 거야?<br>
스 마 마 흐어 더<br>
是妈妈喝的。[Shì māma hē de.] 엄마가 마셨어.

※ 여기서는 마신 사람이 엄마임을 강조합니다.

## 빈 칸에 알맞은 양사는?

本 běn, 件 jiàn, 块 kuài, 个 gè

1. 我买了三(______)书。 나는 세 권의 책을 샀다.
   wǒ mǎile sān (______) shū.
2. 这(______)衣服多少钱? 이 옷은 얼마예요?
   zhè (______) yī fu duō shǎo qián?
3. 三百(______)钱。 3백 원입니다.
   sān bǎi (______) qián.
4. 哪(______)好看。 어느 것이 예쁘니?
   nǎ (______) hǎo kàn.

## 다음 금액을 읽어 봅시다.

5. ￥ 32 (____________)
6. ￥ 123 (____________)
7. 三百二十一块 (____________)
8. 五十六块 (____________)

1. 本 běn　2. 件 jiàn　3. 块 kuài　4. 个 gè　5. sān shí èr kuài
6. yī bǎi èr shí sān kuài　7. 321　8. 56

## 번체자 · 간체자 쓰기

| 번체자 | 간체자 | |
|---|---|---|
| 館<br>집 관 | 馆<br>guǎn<br>꽌 | 馆 馆 馆 馆 馆 馆 馆 馆 馆 馆 馆<br>馆 |
| 塊<br>덩어리 괴 | 块<br>kuài<br>콰이 | 块 块 块 块 块 块 块<br>块 |
| 兼<br>겸할 겸 | 兼<br>jiān<br>지엔 | 兼 兼 兼 兼 兼 兼 兼 兼 兼 兼<br>兼 |
| 歲<br>해 세 | 岁<br>suì<br>쉐이 | 岁 岁 岁 岁 岁 岁<br>岁 |

饭馆(판 구안) 식당 fàn guǎn
五块(우 콰이) 5원 wǔ kuài
兼职(지엔 즈) 겸직하다 jiān zhí
几岁(지 쉐이) 몇 살? jǐ suì

| 번체자 | 간체자 | |
|---|---|---|
| 級<br>등급 급 | 级<br>jí<br>지 | 级 级 级 级 级 级<br>级 |
| 眞<br>참 진 | 真<br>zhēn<br>쩐 | 真 真 真 真 真 真 真 真 真 真<br>真 |
| 權<br>저울추 권 | 权<br>quán<br>취엔 | 权 权 权 权 权 权<br>权 |
| 蘿<br>무 라 | 萝<br>luó<br>루어 | 萝 萝 萝 萝 萝 萝 萝 萝 萝 萝 萝<br>萝 |

高级 고급 (까오 지) gāo jí　真的 정말로 (쩐 더) zhēn de　权力 권력 (취엔 리) quán lì　菠萝 파인애플 (뽀 루어) bō luó

# 水果 [shuǐ guǒ] 쉐이 구어 과일

핑 구어
▶ 苹果 [píng guǒ] 사과

시 과
▶ 西瓜 [xī guā] 수박

차오 메이
▶ 草莓 [cǎo méi] 딸기

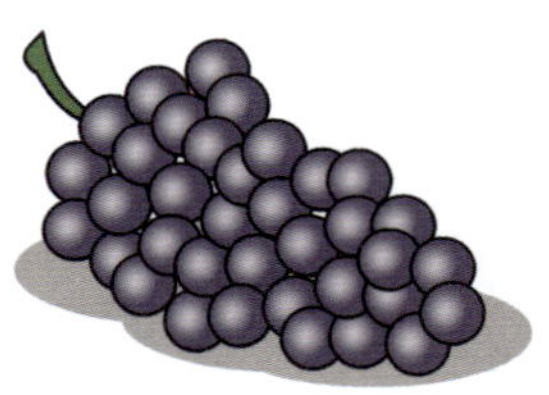

푸 타오
▶ 葡萄 [pú táo] 포도

쥐 즈
▶ 橘子 [jú zi] 귤

청 즈
▶ 橙子 [chéng zi] 오렌지

▶ 梨子 (리 즈) [lí zi] 배

▶ 香蕉 (시앙 지아오)
[xiāng jiāo] 바나나

▶ 柠檬 (닝 멍) [níng méng] 레몬

▶ 桃子 (타오 즈) [táo zi] 복숭아

▶ 菠萝 (뽀 루어)
[bō luó] 파인애플

▶ 白兰瓜 (바이 란 과)
[bái lán guā] 멜론

▶ 栗子 (리 즈) [lì zi] 밤

# DAY 16 생일 축하합니다

## 기본 회화

진 티엔 지 위에 지 하오
A: 今天几月几号? Jīn tiān jǐ yuè jǐ hào? 오늘이 몇 월 며칠이야?

쓰 위에 스 치 하오
B: 四月十七号。 Sì yuè shí qī hào. 4월 17일입니다.

진 티엔 씽 치 지
A: 今天星期几? Jīn tiān xīng qī jǐ. 오늘이 무슨 요일이니?

진 티엔 씽 치 우
B: 今天星期五。 Jīn tiān xīng qī wǔ. 오늘은 금요일입니다.

니 더 셩 르 스 지 위에 지 하오
A: 你的生日是几月几号?
Nǐ de shēng rì shì jǐ yuè jǐ hào?
너의 생일은 몇 월 며칠이니?

워 더 셩 르 찌우 스 밍 티엔
B: 我的生日就是明天。
Wǒ de shēng rì jiù shì míng tiān.
나의 생일은 바로 내일입니다.

스 마 쭈 니 셩 르 콰이 르어
A: 是吗?祝你生日快乐。
Shì ma? Zhù nǐ shēng rì kuài lè. 그래? 생일 축하해.

## 새 단어

几月 jǐ yuè 지 위에 몇 월
几号(號) jǐ hào 지 하오 며칠
星期几 xīng qī jǐ 씽 치 지 몇 요일
是吗 shì ma 스 마 그렇습니까?

祝 zhù 쭈 기원하다, 빌다
就 jiù 찌우 곧, 바로
生日快乐(樂) shēng rì kuài lè 셩 르 콰이 르어 생일 축하합니다

## 해설

• 월

이 위에
一月 [yī yuè] 1월

얼 위에
二月 [èr yuè] 2월

싼 위에
三月 [sān yuè] 3월

쓰 위에
四月 [sì yuè] 4월

우 위에
五月 [wǔ yuè] 5월

리우 위에
六月 [liù yuè] 6월

치 위에
七月 [qī yuè] 7월

빠 위에
八月 [bā yuè] 8월

지어우 위에
九月 [jiǔ yuè] 9월

스 위에
十月 [shí yuè] 10월

스 이 위에
十一月 [shí yī yuè] 11월

스 얼 위에
十二月 [shí èr yuè] 12월

• 달(月)의 양사는 个(거) [ge] 입니다.

이 거 위에
一个月 [yí ge yuè] 한 달

량 거 위에
两个月 [liǎng ge yuè] 두 달

스 얼 거 위에
十二个月 [shí èr ge yuè] 열두 달

띠 이 거 위에
第一个月 [dì yī ge yuè] 첫 번째 달

띠 싼 거 위에
第三个月 [dì sān ge yuè] 세 번째 달

• 날짜 표현

日(르) [rì] 와 号(하오) [hào] 는 모두 날짜를 나타냅니다. 회화에서는 号(하오) [hào] 를 많이 쓰고 서면어에서는 日(르) [rì] 를 많이 씁니다.

이 하오 르
一号(日) [yī hào (rì)] 1일

량 티엔
两天 [liǎng tiān] 이틀

싼 하오 르
三号(日) [sān hào (rì)] 3일

스 우 티엔
十五天 [shí wǔ tiān] 15일

싼 스 하오 르
三十号(日) [sān shí hào (rì)] 30일

우 위에 스 지어우 하오
五月十九号 [wǔ yuè shí jiǔ hào] 5월 19일

얼 위에 스 우 르
二月十五日 [èr yuè shí wǔ rì] 2월 15일

• 연월 표현

중국어로 연도를 읽을 때는 숫자를 하나씩 읽습니다.

이 지어우 지어우 리우 니엔
一九九六年 [yī jiǔ jiǔ liù nián] 1996년

얼 링 이 싼 니엔
二０一三年 [èr líng yī sān nián] 2013년

취 니엔 스 얼 링 이 얼 니엔
去年是二０一二年。[Qù nián shì èr líng yī èr nián] 작년은 2012년이다.

연월을 질문할 때 '이천 몇 년입니까?'라는 형식으로 물어보기도 합니다.

진 니엔 얼 링 링 지 니엔
今年200几年? [Jīn nián èr líng líng jǐ nián?] 올해는 이천 몇 년입니까?

※ 여기서 주의할 점은 '2000几年'(얼 링 링 링 지 니엔)이라고 하지 않고 '200几年'(얼 링 링 지 니엔)이라 질문합니다.

취 니엔 얼 링 링 지 니엔
去年200几年? [Qùnián èr líng líng jǐ nián?] 작년은 이천몇년입니까?

취 니엔 얼 링 이 얼 니엔
去年2012年。[Qùnián èr líng yī èr nián.] 작년은 2012년입니다.

## 응용 회화

니 진 티엔 지 디엔 시아 빤
A : 你今天几点下班?
Nǐ jīn tiān jǐ diǎn xià bān? 오늘 몇 시에 퇴근하니?

시아 우 쓰 디엔 싼 크어
B : 下午四点三刻。
Xià wǔ sì diǎn sān kè. 오후 4시 45분이요.

밍 티엔 니 지 디엔 샹 빤
A : 明天你几点上班?
Míng tiān nǐ jǐ diǎn shàng bān?
내일 몇 시에 출근하니?

치 디엔 빤
B : 七点半。 Qī diǎn bàn. 일곱 시 반에요.

시아 빤 이 허우 니 깐 션 머
A : 下班以后你干什么?
Xià bān yǐ hòu nǐ gàn shén me? 퇴근 후에 뭐해요?

취 쉬에 위엔 쉬에 한 위
B : 去学院学汉语。
Qù xué yuàn xué hàn yǔ. 중국어 배우러 학원에 갑니다.

### 새 단어

下班 xià bān 시아 빤 퇴근하다
下午 xià wǔ 시아 우 오후
三刻 sān kè 싼 크어 45분
刻 kè 크어 15분
上班 shàng bān 샹 빤 출근하다
汉语 Hànyǔ 한위 중국어
以后 yǐ hòu 이허우 이후, 금후
去 qù 취 가다
学院 xué yuàn 쉬에 위엔 학원

| 번체자 | 간체자 | |
|---|---|---|
| 號<br>이름 호 | 号<br>hào<br>하오 | 号 号 号 号 号 号<br>号 |
| 慶<br>경사 경 | 庆<br>qìng<br>칭 | 庆 庆 庆 庆 庆 庆<br>庆 |
| 兩<br>두 량 | 两<br>liǎng<br>량 | 两 两 两 两 两 两 两<br>两 |
| 觀<br>볼 관 | 观<br>guān<br>꽌 | 观 观 观 观 观 观<br>观 |

- 号码 (하오 마) 번호 hào mǎ
- 准备 (쥰 뻬이) 준비하다 zhǔn bèi
- 两边 (리앙 비알) 양측 liǎng biānr
- 观念 (꽌 니엔) 관념, 생각 guān niàn

| 번체자 | 간체자 | |
|---|---|---|
| 憶<br>생각할 억 | 忆<br>yì<br>이 | 忆 忆 忆 忆<br>忆 |
| 陰<br>그늘 음 | 阴<br>yīn<br>인 | 阴 阴 阴 阴 阴 阴<br>阴 |
| 鄉<br>시골 향 | 乡<br>xiāng<br>시앙 | 乡 乡 乡<br>乡 |
| 齒<br>이 치 | 齿<br>chǐ<br>츠 | 齿 齿 齿 齿 齿 齿 齿 齿<br>齿 |

훼이 이
回忆 회상하다
huí yì

인 티엔
阴天 흐린날
yīn tiān

꾸 시앙
故乡 고향
gù xiāng

야 츠
牙齿 치아
yá chǐ

# 蔬菜 [shū cài] 수 차이 채소

투 또우
▶ 土豆 [tǔ dòu] 감자

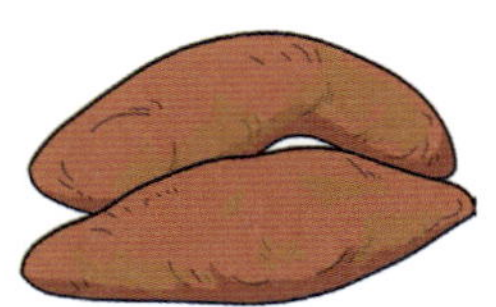

홍 슈
▶ 红薯 [hóng shǔ] 고구마

후 루어 뽀
▶ 胡萝卜 [hú luó bo] 당근

모 구
▶ 蘑菇 [mó gu] 버섯

쑤안
▶ 蒜 [suàn] 마늘

칭 지아오
▶ 青椒 [qīng jiāo] 피망

양 총
▶ 洋葱 [yáng cōng] 양파

황 과
▶ 黄瓜 [huáng guā] 오이

총
▶ 葱 [cōng] 파

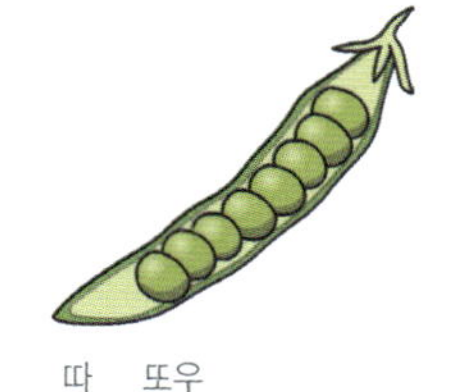

따 또우
▶ 大豆 [dà dòu] 콩

뽀 차이
▶ 菠菜 [bō cài] 시금치

시 훙 스
▶ 西红柿 [xī hóng shì] 토마토

난 과
▶ 南瓜 [nán guā] 호박

练习题

## 평가 테스트

### 단어를 선택하여 문장을 완성하세요.

几点 jǐ diǎn, 星期 xīng qī, 下班 xià bān,
半 bàn, 七 qī, 一刻 yí kè

1. 现在(______)? 지금 몇 시예요?
   xiàn zài (______)?
2. 今天(______)几? 오늘은 몇 요일이에요?
   jīn tiān (______) jǐ?
3. 我每天(______)点(______)上班。 나는 매일 일곱 시 반에 출근합니다.
   wǒ měi tiān (______) diǎn (______) shàng bān.
4. 你下午几点(______)? 당신은 오후 몇 시에 퇴근합니까?
   nǐ xià wǔ jǐ diǎn (______)?
5. 我下午7点(______)下班。 나는 오후 7시 15분에 퇴근합니다.
   wǒ xià wǔ qī diǎn (______) xià bān.

### 한자를 써 넣으세요.

6. xīng qī liù (______) 토요일
7. bā diǎn sì shí fēn (______) 8시 40분
8. shàng bān (______) 출근하다
9. xià bān (______) 퇴근하다
10. shàng wǔ (______) 오전
11. xià wǔ (______) 오후
12. shàng kè (______) 수업하다

정답

1. 几点, jǐ diǎn 2. 星期, xīng qī 3. 七, 半, qī, bàn 4. 下班, xià bān 5. 一刻, yí kè
6. 星期六 7. 八点四十分 8. 上班 9. 下班 10. 上午
11. 下午 12. 上课

# 언제 돌아오세요?

## 기본 회화

A : 喂。你在哪儿?
(웨이 니 짜이 나 알)
Wéi. Nǐ zài nǎr? 여보세요. 어디에 계세요?

B : 我在公司。
(워 짜이 꽁 쓰)
Wǒ zài gōng sī. 저 회사에 있어요.

A : 你什么时候回来?
(니 션머 스 허 우 훼이 라이)
Nǐ shén me shí hou huí lai. 언제 돌아오세요?

B : 我下班就回去。
(워 시아 빤 찌우 훼이 취)
Wǒ xià bān jiù huí qu. 퇴근하면 곧 돌아갈게요.

## 새 단어

喂 wèi (wéi) 웨이 여보세요
在 zài 짜이 (장소) ~에 있다
哪儿 nǎr 나알 어디?
公司 gōng sī 꽁 쓰 회사
什么时候(麼) shén me shí hou 션 머 스 허우 언제
回来 huí lai 훼이 라이 돌아오다
就 jiù 찌우 곧, 바로
回去 huí qu 훼이 취 돌아가다

## 해설

• 방향보어 来 [lái](라이)와 去 [qù](취) : 동사의 뒤에 와서 그 동사가 나타내는 동작의 방향을 알려주는 동사를 방향보어라고 합니다. 가장 많이 쓰이는 방향보어는 来와 去입니다.

来는 '오다'라는 뜻으로 동사 뒤에 오면 동작이 그 말을 하고 있는 사람에게로 가까이 오는 것을 뜻합니다.

타 찐 라일 러
他进来了。[Tā jìn lai le.] 그가 들어왔다.

타 먼 또우 훼이 라일 러
他们都回来了。[Tā men dōu huí lai le.] 그들은 모두 돌아왔다.

타 먼 떠우 샹 라일 러
她们都上来了。[Tā men dōu shàng lai le.] 그녀들은 모두 올라왔다.

지아 런 떠우 추 라일 러
家人都出来了。[Jiā rén dōu chū lai le.] 가족은 모두 나왔다.

마 마 꾸어 라일 러
妈妈过来了。[Mā ma guò lai le.] 엄마는 건너왔다.

去는 말하는 사람으로부터 떠나가는 방향을 표시합니다.

타 추 취 러
他出去了。[Tā chū qu le.] 그는 나갔다.

타 먼 떠우 훼이 취 러
他们都回去了。[Tā men dōu huí qu le.] 그들은 모두 돌아갔다.

타 먼 떠우 샹 취 러
她们都上去了。[Tā men dōu shàng qu le.] 그녀들은 모두 올라갔다.

지아 런 떠우 추 취 러
家人都出去了。[Jiā rén dōu chū qu le.] 가족들은 모두 나갔다.

마 마 꾸어 취 러
妈妈过去了。[Mā ma guò qu le.] 엄마는 건너갔다.

• 방향보어

| | 来 | 去 |
|---|---|---|
| 上 | 上来 [shàng lai] 샹 라이<br>올라오다 | 上去 [shàng qu] 샹 취<br>올라가다 |
| 下 | 下来 [xià lai] 시아 라이<br>내려오다 | 下去 [xià qu] 시아 취<br>내려가다 |
| 进 | 进来 [jìn lai] 찐라이<br>들어오다 | 进去 [jìn qu] 찐 취<br>들어가다 |
| 出 | 出来 [chū lai] 추 라이<br>나오다 | 出去 [chū qu] 추 취<br>나가다 |
| 回 | 回来 [huí lai] 회이 라이<br>돌아오다 | 回去 [huí qu] 회이 취<br>돌아가다 |
| 过 | 过来 [guò lai] 꾸어 라이<br>건너오다 | 过去 [guò qu] 꾸어 취<br>건너가다 |

• 시간사

| | |
|---|---|
| 아침 早上 [zǎo shang] 짜오 샹 | 오늘 今天 [jīn tiān] 찐 티엔 |
| 오전 上午 [shàng wǔ] 샹 우 | 내일 明天 [míng tiān] 밍 티엔 |
| 정오 中午 [zhōng wǔ] 중 우 | 모레 后天 [hòu tiān] 허우 티엔 |
| 오후 下午 [xià wǔ] 시아 우 | 어제 昨天 [zuó tiān] 쭈어 티엔 |
| 저녁 晚上 [wǎn shang] 완 샹 | 그저께 前天 [qián tiān] 치엔 티엔 |

## 응용 회화

니 마 마 짜이 지아 마
A : 你妈妈在家吗? Nǐ mā ma zài jiā ma? 너의 엄마, 집에 계시니?

스 더 워 마 마 짜이 지아
B : 是的, 我妈妈在家。
Shì de, Wǒ mā ma zài jiā. 네. 집에 계세요.

콰이 칭 찐 라이 바
快请进来吧。
Kuài qǐng jìn lai ba. 어서 들어오세요.

씨에 씨에
A : 谢谢。 Xiè xie. 감사합니다.

찐 뿌 쟝 짜이 날
A : 金部长在哪儿?
Jīn bù zhǎng zài nǎr? 김 부장님은 어디 계세요?

짜이 얼 로우 니 샹 취 바
B : 在二楼。你上去吧。
Zài èr lóu. Nǐ shàng qu ba. 2층에 계세요. 올라가세요.

### 새 단어

快 kuài 콰이 어서, 빨리
金部长 jīn bù zhǎng 찐 뿌 쟝 김 부장
二楼 èr lóu 얼 로우 2층

## 해설

셴 머 스 허우
• **什么时候** [shén me shí hou] : 우리말의 '언제'라는 때를 나타내는 의문대명사로 동사 앞에 와서 시간을 물어볼 때 사용합니다.

셴 머 스 허우
주어 + **什么时候** + 동사 + 목적어

니 셴 머 스 허우 츠 완 판
**你什么时候吃晚饭?**
[Nǐ shén me shí hou chī wǎn fàn?] 너 언제 저녁밥 먹니?

니 셴 머 스 허우 쉬에 시
**你什么时候学习?**
[Nǐ shén me shí hou xué xí?] 너는 언제 공부하니?

끄어 거 셴 머 스 허우 시아 커
**哥哥什么时候下课?**
[Gē ge shén me shí hou xià kè?] 형은 언제 수업 끝나?

셴 머
• **什么** [shén me] : 단독으로 쓰여 사물을 물을 때는 '무엇'이라는 뜻입니다.

여우 셴 머 스 마
그리고 **有什么事吗?** [yǒu shén me shì ma?]는 '무슨 일이 있니?'로 쓰일 때는 불특정한 사물을 나타내기도 합니다.

웨이 셴 머
**为什么** [wèi shén me] 왜

셴 머 스 허우
**什么时候** [shén me shí hou] 언제

셴 머
1 **什么** [shén me] : 단독으로 쓰일 때는 '무엇?'이라는 뜻을 나타냅니다. 의문사이므로 의문문일 때 뒤에 '**吗**'가 없습니다.

① 주어 + 동사 + **什么** + 목적어

니 스 셴 머 런
**你是什么人?** [Nǐ shì shén me rén?] 너는 누구니?

니 쭈어 셴 머 차이
**你做什么菜?** [Nǐ zuò shén me cài?] 너는 무슨 요리 하니?

② 동사 뒤에 와서 목적

주어 + 동사 + 什么(목적어)

니 츠 션 머
你吃什么? [Nǐ chī shén me?] 넌 무엇을 먹니?

니 팅 션 머
你听什么? [Nǐ tīng shén me?] 넌 무엇을 듣니?

웨이 션 머
**2** 为什么 [wèi shén me] : '왜'라는 뜻으로 동사 앞에 위치합니다. 의문사이므로 뒤에 '吗'가 없습니다.

웨이 션 머 칸
为什么看? [Wèi shén me kàn] 왜 봐?

웨이 션 머 시아오
为什么笑? [Wèi shén me xiào] 왜 웃어?

**중국이 보인다! | 춘절(春节, 설날): 음력 1월 1일**

춘절은 중국에서 가장 큰 명절로, 기나긴 겨울이 가고 봄이 다가온다는 의미로 온 가족이 모여 새롭게 시작되는 한 해를 경축하는 명절입니다.
우선 해묵은 지난해를 털고, 새로운 한 해를 맞이하는 첫날이니만큼 대청소를 한 후 온갖 복을 기원하는 글자와 귀신을 쫓는 그림 등을 집안 곳곳에 붙입니다. 저녁에는 온 가족이 모여 저녁식사를 한 후 이야기를 나누고 놀이 등을 즐기며 함께 새해를 맞이합니다. 제야의 종소리가 울리자마자 새해를 경축하는 폭죽이 곳곳에서 터진답니다.
설 당일에는 음식을 정성껏 준비해 가족의 평안과 농사의 풍년을 기원하여 제를 지내고, 제가 끝나면 웃어른께 세배를 하고, 이웃과 친지간에 덕담을 주고 받습니다. 우리나라와 거의 비슷합니다. 춘절 음식으로는 한국의 떡국처럼, 북방 사람은 만두 종류인 **饺子**(쟈오즈)를, 남방 사람들은 새알 같은 중국식 떡 **年糕**(니앤까오)를 먹습니다.

평가 테스트

练习题

단어를 선택하여 문장을 완성하세요.

在 zài, 什么时候 shén me shí hou,
来 lái, 公司 gōng sī, 去 qù

1. 你(______)哪儿? 당신 어디 계세요?
nǐ (______) nǎr?

2. 我在(______)。 저는 회사에 있습니다.
wǒ zài (______).

3. 你(______)回(______)? 언제 돌아오세요?
nǐ (______) huí (______)?

4. 快进(______)吧。 어서 들어가세요.
kuài jìn (______) ba.

한자를 써 넣으세요.

5. 올라가다(______) shàng qu

6. 내려오다(______) xià lai

7. 내려가다(______) xià qu

8. 올라오다(______) shàng lai

9. 들어오다(______) jìn lai

10. 나오다(______) chū lai

11. 들어가다(______) jìn qu

12. 나가다(______) chū qu

| | | | | |
|---|---|---|---|---|
| 1. 在 zài | 2. 公司 gōng sī | 3. 什么时候, 来, shén me shí hou, lái | | 4. 去 qù |
| 5. 上去 | 6. 下来 | 7. 下去 | 8. 上来 | 9. 进来 |
| 10. 出来 | 11. 进去 | 12. 出去 | | |

## 번체자 · 간체자 쓰기

| 번체자 | 간체자 | |
|---|---|---|
| 時<br>때 시 | 时<br>shí<br>스 | 时 时 时 时 时 时 时<br>时 |
| 進<br>나아갈 진 | 进<br>jìn<br>찐 | 进 进 进 进 进 进<br>进 |
| 過<br>지날 과 | 过<br>guò<br>꾸어 | 过 过 过 过 过<br>过 |
| 聖<br>성인 성 | 圣<br>shèng<br>셩 | 圣 圣 圣 圣 圣<br>圣 |

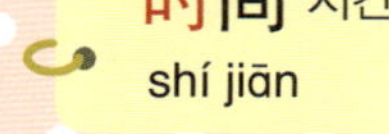

스 지엔 **时间** 시간 shí jiān

찐 라이 **进来** 들어오다 jìn lai

꾸어 라이 **过来** 건너오다 guò lai

셩 딴 지에 **圣诞节** 성탄절, 크리스마스 shèng dàn jié

| 번체자 | 간체자 | |
|---|---|---|
| 樓<br>다락 루 | 楼<br>lóu<br>로우 | 楼 楼 楼 楼 楼 楼 楼 楼 楼 楼 楼 楼 楼<br>楼 |
| 錦<br>비단 금 | 锦<br>jǐn<br>찐 | 锦 锦 锦 锦 锦 锦 锦 锦 锦 锦 锦 锦 锦<br>锦 |
| 烏<br>까마귀 오 | 乌<br>wū<br>우 | 乌 乌 乌 乌<br>乌 |
| 龜<br>거북 귀 | 龟<br>guī<br>꿔이 | 龟 龟 龟 龟 龟 龟 龟<br>龟 |

러우 시아
楼下 아래층
lóu xià

찐 상 티엔 후아
锦上添花 금상첨화
jǐn shàng tiān huā

우 야
乌鸦 까마귀
wū yā

우 꿔이
乌龟 거북이
wū guī

# 动物 [dòng wù] 똥 우 동물

꼬우
▶ 狗 [gǒu] 개

마오
▶ 猫 [māo] 고양이

시옹
▶ 熊 [xióng] 곰

마
▶ 马 [mǎ] 말

쥬
▶ 猪 [zhū] 돼지

니우
▶ 牛 [niú] 소

▶ 老虎 [lǎo hǔ] 호랑이 (라오 후)

▶ 狐狸 [hú li] 여우 (후 리)

▶ 狼 [láng] 늑대 (랑)

▶ 猴子 [hóu zi] 원숭이 (호우 즈)

▶ 兔子 [tù zi] 토끼 (투 즈)

▶ 蛇 [shé] 뱀 (셔)

▶ 大象 [dà xiàng] 코끼리 (따 시앙)

▶ 乌龟 [wū guī] 거북이 (우 꾸이)

DAY 18

# 뭐하고 계세요?

## 기본 회화

니 짜이 깐 션 머
A : 你在干什么?
Nǐ zài gàn shén me? 당신은 뭐하고 계세요?

워 짜이 칸 띠엔 스
B : 我在看电视。
Wǒ zài kàn diàn shì.
저는 텔레비전을 보고 있어요.

니 짜이 칸 수 마
A : 你在看书吗?
Nǐ zài kàn shū ma? 당신은 책을 보고 있습니까?

워 메이 짜이 칸 수 워 짜이 따 띠엔 후아
B : 我没在看书，我在打电话。
Wǒ méi zài kàn shū, wǒ zài dǎ diàn huà.
저는 책을 보지 않고, 전화를 하고 있습니다.

## 새 단어

在 zài 짜이 ~하고 있는 중이다 (진행)
干(幹) gàn 깐 (무엇을) 하다
看 kàn 칸 보다
电视(電視) diàn shì 띠엔 스 텔레비전
书(書) shū 슈 책
打电话 dǎ diàn huà 따 띠엔 후아 전화를 하다
电话(電話) diàn huà 띠엔 후아 전화

## 해설

짜이
• 在 [zài] : '~하고 있는 중이다'의 뜻으로 동사 앞에 놓여 그 동작이 현재 진행 중임을 나타냅니다. 부정은 在 앞에 没(有)를 씁니다.

워 짜이 카이 처
我在开车。[Wǒ zài kāi chē.] 나는 운전하고 있습니다.

워 메이 짜이 카이 처
我没在开车。[Wǒ méi zài kāi chē.] 나는 운전을 하고 있지 않습니다.

니 짜이 카이 처 마
你在开车吗? [Nǐ zài kāi chē ma?] 당신은 운전하고 있습니까?

1. '~에 있다'는 뜻으로, 존재를 나타내는 在 (동사)

타 짜이 지아
她在家。[Tā zài jiā.] 그녀는 집에 있다.

2. '~에서'라는 뜻으로, 장소를 나타내는 在 (전치사)

워 짜이 지아 츠 판
我在家吃饭。[Wǒ zài jiā chī fàn.] 나는 집에서 밥을 먹는다.

타 시엔 짜이 짜이 인 항 꽁 쭈어
她[现在在银行]工作。
[Tā (xiàn zài zài yín háng) gōng zuò.] 그녀는 지금 은행에서 일합니다.
※ 시간사와 장소사가 동시에 나올 때는 시간사를 먼저 적고 장소사를 뒤에 적는다.

3. '~하고 있는 중이다'라는 뜻으로, 진행을 나타내는 在

타 짜이 칸 띠엔 스
他在看电视。[Tā zài kàn diàn shì.] 그는 TV를 보고 있습니다.

## 응용 회화

A: 你在干什么? (니 짜이 깐 션 머)
Nǐ zài gàn shén me? 당신은 무엇을 하고 있습니까?

B: 我在打高尔夫球。 (워 짜이 따 까오 얼 푸 치어우)
Wǒ zài dǎ gāo'ěr fū qiú. 저는 골프를 하고 있습니다.

B: 我在洗碗。 (워 짜이 시 완)
Wǒ zài xǐ wǎn. 저는 설겆이를 하고 있습니다.

B: 我在游泳。 (워 짜이 요우 용)
Wǒ zài yóu yǒng. 저는 수영하고 있습니다.

B: 我在听音乐。 (워 짜이 팅 인 위에)
Wǒ zài tīng yīn yuè. 저는 음악을 듣고 있습니다.

B: 我在吃饭。 (워 짜이 츠 판)
Wǒ zài chī fàn. 저는 밥을 먹고 있습니다.

### 새 단어

打 dǎ 따 (공을) 치다
高尔夫 gāo'ěr fū 까오 얼 푸 골프
球 qiú 치어우 공
洗 xǐ 시 씻다
碗 wǎn 완 그릇
游泳 yóu yǒng 요우 용 수영, 수영하다
听(聽) tīng 팅 듣다
音乐(樂) yīn yuè 인 위에 음악

탄 깡 친
弹钢琴 [tán gāng qín]
피아노를 치다

슈어 한 위
说汉语 [shuō hàn yǔ]
중국어를 말하다

쭈어 차이
做菜 [zuò cài]
요리를 하다

씨에 한 쯔
写汉字 [xiě hàn zì]
한자를 쓰다

치 쯔 싱 처
骑自行车 [qí zì xíng chē]
자전거를 타다

카이 츠어
开车 [kāi chē]
차를 운전하다

· 깐 션 머
干什么? [gàn shén me] : '뭐하니?'라는 뜻입니다.

쭈어 션 머
做什么? [zuò shén me]도 같은 뜻으로 사용할 수도 있습니다.

니 찐 티엔 깐 션 머
你今天干什么? [Nǐ jīn tiān gàn shén me] 너 오늘 뭐 하니?

따 쑤안 깐 션 머
打算干什么? [Dǎ suàn gàn shén me] 뭐 할 계획이니? (곧 발생할 상황이나 계획을 물어볼 때 사용)

## ★ 직업을 물어볼 때는

주어 + 做什么 + 工作(꽁 쭈어) [gōng zuò]라고 질문하고

이에 대한 대답은 주어 + 是(스) [shì] + 직업으로 합니다.

니 마 마 쭈어 션 머 꽁 쭈어
你妈妈做什么工作? [Nǐ māma zuò shén me gōng zuò?]

당신의 어머니는 어떤 일을 하십니까?

워 마 마 스 라오 스
我妈妈是老师。 [Wǒ māma shì lǎo shī.] 저의 엄마는 선생님입니다.

练习题

평가 테스트

다음을 한어 병음 자모로 표기하세요.

1. 干什么? (________)
2. 电视 (________)
3. 听音乐 (________)
4. 打高尔夫球 (________)
5. 我在开车 (________)
6. 吃饭 (________)
7. 他在家 (________)
8. 请进 (________)

중국어 한자를 쓰세요.

9. 책을 보다 (_____书) kàn shū
10. 운전하다 (_____车) kāi chē
11. 설거지하다 (_____碗) xǐ wǎn
12. 골프하다 (_____高尔夫球) dǎ gāo ěr fū qiú
13. 그녀는 집에 있다. (她_____家。) tā zài jiā.
14. 어디에 계세요? (在_____?) zài nǎr?
15. 올라가세요. (_____去吧。) shàng qu ba.
16. 내려오다 (_____来) xià lai

| | | | | |
|---|---|---|---|---|
| 1. gàn shén me | 2. diàn shì | 3. tīng yīn yuè | 4. dǎ gāo ěr fū qiú | 5. wǒ zài kāi chē |
| 6. chī fàn | 7. tā zài jiā | 8. qǐng jìn | 9. 看 | 10. 开 |
| 11. 洗 | 12. 打 | 13. 在 | 14. 哪儿 | 15. 上 |
| 16. 下 | | | | |

## 번체자 · 간체자 쓰기

| 번체자 | 간체자 | |
|---|---|---|
| 價<br>값 가 | 价<br>jià<br>지아 | 价 价 价 价 价 价<br>价 |
| 麗<br>고울 려 | 丽<br>lì<br>리 | 丽 丽 丽 丽 丽 丽 丽<br>丽 |
| 錄<br>기록할 록 | 录<br>lù<br>루 | 录 录 录 录 录 录 录 录<br>录 |
| 莊<br>씩씩할 장 | 庄<br>zhuāng<br>쭈왕 | 庄 庄 庄 庄 庄 庄<br>庄 |

- 价值(지아 즈) 가치 jià zhí
- 美丽(메이 리) 아름답다 měi lì
- 录用(루 융) 채용하다 lù yòng
- 庄重(쭈왕 쭝) 장중하다 zhuāng zhòng

| 번체자 | 간체자 | |
|---|---|---|
| 髮<br>터럭 발 | 发<br>fà<br>파 | 发 发 发 发 发<br>发 |
| 雲<br>구름 운 | 云<br>yún<br>윈 | 云 云 云 云<br>云 |
| 鋼<br>강철 강 | 钢<br>gāng<br>깡 | 钢 钢 钢 钢 钢 钢 钢 钢 钢<br>钢 |
| 負<br>질 부 | 负<br>fù<br>푸 | 负 负 负 负 负 负<br>负 |

바이 파 白发 흰머리 bái fà

차이 윈 彩云 꽃구름 cǎi yún

깡 티에 钢铁 강철 gāng tiě

푸 즈어 负责 책임지다 fù zé

# 鸟 [niǎo] 니아오 새

▶ 鸡 [jī] 닭 (지)

▶ 乌鸦 [wūyā] 까마귀 (우 야)

▶ 麻雀 [máquè] 참새 (마 취에)

▶ 鸽子 [gēzi] 비둘기 (꺼 즈)

▶ 燕子 [yànzi] 제비 (옌 즈)

▶ 海鸥 [hǎi'ōu] 갈매기 (하이 오우)

▶ 鹦鹉 [yīngwǔ] 앵무새 (잉 우)

투 찌우
▸ 秃鹫 [tūjiù] 독수리

마오 토우 잉
▸ 猫头鹰 [māotóuyīng] 부엉이

투어 니아오
▸ 鸵鸟 [tuóniǎo] 타조

티엔 으어
▸ 天鹅 [tiān'é] 백조

비엔 푸
▸ 蝙蝠 [biānfú] 박쥐

허
▸ 鹤 [hè] 학, 두루미

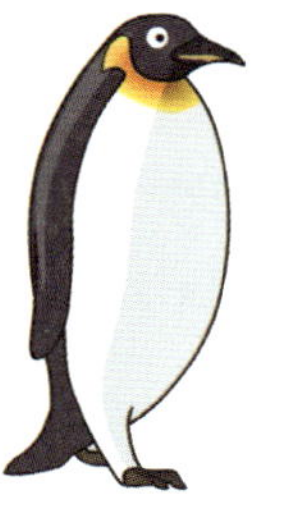

치 으어
▸ 企鹅 [qǐ'é] 펭귄

# DAY 19 무슨 색을 좋아하니?

## 기본 회화

쯔어 지엔 이 푸 뚜어 샤오 치엔
A : 这件衣服多少钱?
Zhè jiàn yī fu duō shǎo qián? 이 옷은 얼마예요?

얼 바이 빠 스 콰이 치엔
B : 二百八十块钱。
Èr bǎi bā shí kuài qián. 280위안입니다.

커 이 스 추완 마
A : 可以试穿吗?
Kě yǐ shì chuān ma? 입어봐도 될까요?

커 이 니 시 환 션 머 얜 써
B : 可以,你喜欢什么颜色?
Kě yǐ, Nǐ xǐ huan shén me yán sè? 네, 입어 보세요. 무슨 색을 좋아하세요?

워 시 환 란 써 더
A : 我喜欢蓝色的。 Wǒ xǐ huan lán sè de. 저는 파란색을 좋아합니다.

쯔어 지엔 쩐 머 양
B : 这件怎么样? Zhè jiàn zěn me yàng? 이 옷 어때요?

하오
A : 好。 Hǎo. 좋습니다.

### 새 단어

**件** jiàn 지엔 (옷을 세는 단위) 벌

**可以** kě yǐ 커 이 ~할 수 있다, ~해도 된다

**试** shì 스 시험, 시도하다

**试(試)穿** shì chuān 스 추완 시험 삼아 입어 보다

**穿** chuān 추완 (옷) 입다

**喜欢(歡)** xǐ huan 시환 좋아하다, 애호하다

**颜(顔)色** yán sè 앤 써 색깔, 색

**蓝(藍)色** lán sè 란 써 남색

## 해설

· 可以 (커 이) [kě yǐ] : 동사 앞에 놓여서 능력, 가능 혹은 허락을 나타내는 동사로 능원동사라고 합니다. '~할 수 있다(능력)', '~해도 된다(허락)' 등 여러 가지 뜻이 있고 부정은 주로 不能 (뿌 넝) [bù néng]을 사용하여 '할 수 없다' 또는 不可以를 사용하여 강한 금지를 말합니다.

① ~해도 좋다

쯔 얼 커 이 초우 얜
这儿可以抽烟。[Zhèr kě yǐ chōu yān.] 여기서는 담배를 피워도 된다.

쯔 얼 뿌 넝 초우 얜
这儿不能抽烟。[Zhèr bù néng chōu yān.] 여기서 담배를 피우면 안 된다.〈부정〉

쯔 얼 커 이 초우 얜 마
这儿可以抽烟吗? [Zhèr kě yǐ chōu yān ma?] 여기서 담배를 피워도 됩니까?

② ~할 수 있다

워 커 이 빵 쥬 니
我可以帮助你。[Wǒ kě yǐ bāng zhù nǐ.] 나는 당신을 도울 수 있다.

워 이 티엔 커 이 쪼우 쓰 스 꽁 리
我一天可以走四十公里。[Wǒ yì tiān kě yǐ zǒu sì shí gōng lǐ.]

나는 하루에 40km 걸을 수 있다.

· 喜欢 (시 환) [xǐ huan] : '~하는 것을 좋아하다'라는 뜻입니다.

워 시 환 칸 수
我喜欢看书。[Wǒ xǐ huan kàn shū.] 나는 책 보는 것을 좋아합니다.

워 시 환 후아 쉬에
我喜欢滑雪。[Wǒ xǐ huan huá xuě.] 나는 스키 타는 것을 좋아합니다.

## 응용 회화

니 시 환 팅 인 위에 마

A: 你喜欢听音乐吗?

Nǐ xǐ huan tīng yīn yuè ma? 당신은 음악 듣는 것을 좋아합니까?

워 뿌 시 환 팅 인 위에

B: 我不喜欢听音乐。

Wǒ bù xǐ huan tīng yīn yuè. 저는 음악 듣는 것을 좋아하지 않습니다.

나 니 시 환 션 머

A: 那你喜欢什么?

Nà nǐ xǐ huan shén me?

그러면 당신은 무엇을 좋아하세요?

워 시 환 티 쭈 치우

B: 我喜欢踢足球。

Wǒ xǐ huan tī zú qiú.

저는 축구를 좋아합니다.

니 시 환 츠 션 머 수이 구어

A: 你喜欢吃什么水果?

Nǐ xǐ huan chī shén me shuǐ guǒ? 당신은 어떤 과일을 좋아하세요?

워 쭈이 시 환 츠 시앙 지아오

B: 我最喜欢吃香蕉。

Wǒ zuì xǐ huan chī xiāng jiāo. 저는 바나나를 제일 좋아합니다.

### 새 단어

听 tīng 팅 듣다

那 nà 나 그러면

踢 tī 티 차다

足球 zú qiú 쭈 치우 축구

水果 shuǐ guǒ 수이 구어 과일

香蕉 xiāng jiāo 시앙 지아오 바나나

## 해설

뿌
- 不 [bù] : '~하지 않다'라는 절대 부정으로 동사 혹은 형용사 앞에 사용합니다.

  쯔어 거 뿌 하오 칸
  这个不好看。[zhè ge bù hǎo kàn.] 이것은 예쁘지 않아요.

  쯔어 거 뿌 하오 팅
  这个不好听。[zhè ge bù hǎo tīng.] 이것은 듣기 싫어요.

부 타이
- 不太 [bú tài] : '~하지 않다', '그다지 ~하지 않다'라는 뜻으로 형용사 앞에 사용합니다.

  쯔어 거 부 타이 하오 칸
  这个不太好看。[zhè ge bú tài hǎo kàn.] 이것은 그다지 예쁘지 않아요.

  쯔어 거 부 타이 하오 츠
  这个不太好吃。[zhè ge bú tài hǎo chī.] 이것은 그다지 맛있지 않아요.

헌
- 很 [hěn] : '매우', '아주'라는 뜻으로 형용사 앞에 사용합니다.

  라오 스 헌 하오 칸
  老师很好看。[lǎo shī hěn hǎo kàn] 선생님은 아주 예뻐요.

  펑 여우 헌 하오
  朋友很好。[péng you hěn hǎo] 친구는 아주 좋아요.

페이 창
- 非常 [fēi cháng] : '대단히', '굉장히'라는 뜻으로 형용사 앞에 사용합니다.

  쉬에 셩 페이 창 쿤
  学生非常困。[xué sheng fēi cháng kùn.] 학생들은 굉장히 졸려 해요.

  마 마 페이 창 레이
  妈妈非常累。[mā ma fēi cháng lèi.] 엄마는 굉장히 힘들어 해요.

쮀이
- 最 [zuì] : '가장'이라는 뜻으로 형용사 앞에 사용합니다. 질문할 때는 〈주어 + 最 + 술어〉의 형식으로 질문합니다.

  나 거 쮀이 하오 칸
  哪个最好看? [nǎ ge zuì hǎo kàn?] 어떤 것이 가장 예쁘니?

  쯔어 거 쮀이 하오 칸 마
  这个最好看吗? [zhè ge zuì hǎo kàn ma?] 이것이 가장 예쁘니?

## 번체자 · 간체자 쓰기

| 번체자 | 간체자 | 쓰기 |
|---|---|---|
| 試 시험할 시 | 试 shì 스 | 试 试 试 试 试 试 试 试 |
| 歡 기쁠 환 | 欢 huān 환 | 欢 欢 欢 欢 欢 欢 |
| 顏 얼굴 안 | 颜 yán 얜 | 颜 颜 颜 颜 颜 颜 颜 颜 颜 颜 颜 颜 颜 颜 颜 |
| 藍 쪽 람 | 蓝 lán 란 | 蓝 蓝 蓝 蓝 蓝 蓝 蓝 蓝 蓝 蓝 蓝 蓝 蓝 |

试穿(스 추완) 입어보다 shì chuān

欢迎(환 잉) 환영하다 huān yíng

颜色(얜 써) 색깔 yán sè

蓝色(란 써) 남색 lán sè

| 번체자 | 간체자 | |
|---|---|---|
| 幫<br>도울 방 | 帮<br>bāng<br>빵 | 帮 帮 帮 帮 帮 帮 帮 帮 帮<br>帮 |
| 騎<br>말탈 기 | 骑<br>qí<br>치 | 骑 骑 骑 骑 骑 骑 骑 骑 骑 骑 骑<br>骑 |
| 螞<br>개미 마 | 蚂<br>mǎ<br>마 | 蚂 蚂 蚂 蚂 蚂 蚂 蚂 蚂 蚂<br>蚂 |
| 蟻<br>개미 의 | 蚁<br>yǐ<br>이 | 蚁 蚁 蚁 蚁 蚁 蚁 蚁 蚁 蚁<br>蚁 |

빵 주
帮助 돕다
bāng zhù

치 마
骑马 말 타다
qí mǎ

마 이
蚂蚁 개미
mǎ yǐ

# 虫 [chóng] 충 벌레

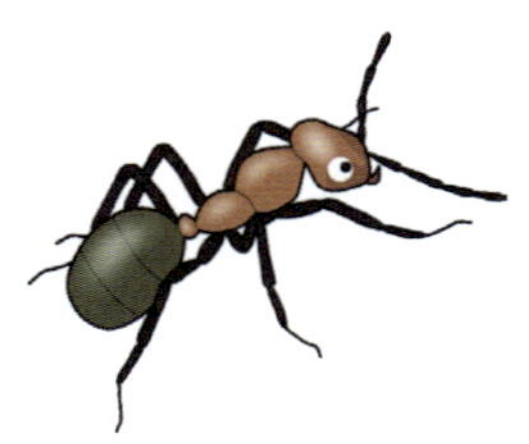

▶ 蚂蚁 (마이) [mǎyǐ] 개미

▶ 蝴蝶 (후디에) [húdié] 나비

▶ 蚊子 (원즈) [wénzi] 모기

▶ 蜘蛛 (즈쭈) [zhīzhū] 거미

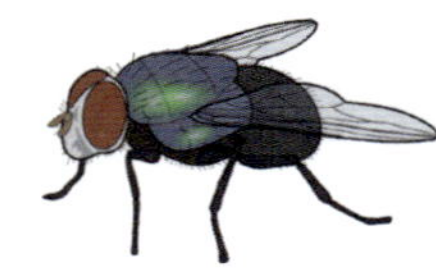

▶ 苍蝇 (창잉) [cāngying] 파리

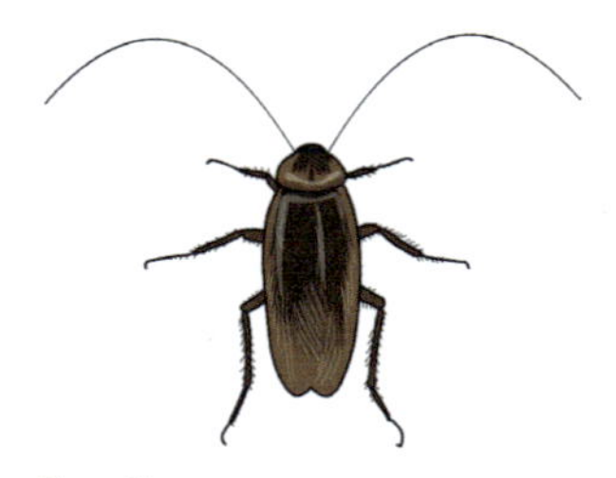

▶ 蟑螂 (쟝랑) [zhāngláng] 바퀴벌레

▶ 蛾 (으어) [é] 나방

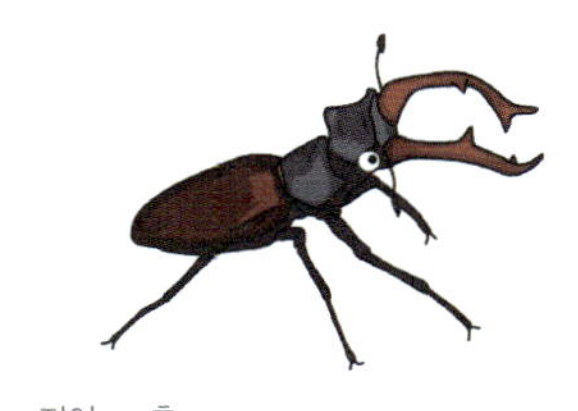

지아 총
▶ 甲虫 [jiǎchóng] 딱정벌레

칭 팅
▶ 蜻蜓 [qīngtíng] 잠자리

피아오 총
▶ 瓢虫 [piáochóng] 무당벌레

펑
▶ 蜂 [fēng] 벌

잉 후오 총
▶ 萤火虫 [yíng huǒ chóng] 개똥벌레

마 자
▶ 蚂蚱 [mà zha] 메뚜기

시 수아이
▶ 蟋蟀 [xī shuài] 귀뚜라미

알맞은 단어를 써 넣어 문장을 완성하세요.

| 可以 kě yǐ, 喜欢 xǐ huan, 不能 bù néng, 自行车 zì xíng chē |
|---|

1. 这儿(　　)抽烟吗?　여기서 담배를 피워도 됩니까?
   zhèr (　　) chōu yān ma?
2. 这儿(　　)抽烟。　여기서 담배를 피우면 안 된다.
   zhèr (　　) chōu yān.
3. 我(　　)看电影。　저는 영화 보기를 좋아합니다.
   wǒ (　　) kàn diàn yǐng.
4. 我喜欢骑(　　)。　저는 자전거 타는 걸 좋아합니다.
   wǒ xǐ huan qí (　　).

한자를 써 넣으세요.

5. 좋아하다 xǐ huan (　　)
6. 입다 chuān (　　)
7. 자전거 zì xíng chē (　　)
8. (자전거를) 타다 qí (　　)
9. 담배를 피다 chōu yān (　　)
10. 안 된다 bù néng (　　)
11. 할 수 있다 kě yǐ (　　)
12. 영화 diàn yǐng (　　)
13. 과일 shuǐ guǒ (　　)

| | | | | |
|---|---|---|---|---|
| 1. 可以 kě yǐ | 2. 不能 bù néng | 3. 喜欢 xǐ huan | 4. 自行车 zì xíng chē | 5. 喜欢 |
| 6. 穿 | 7. 自行车 | 8. 骑 | 9. 抽烟 | 10. 不能 |
| 11. 可以 | 12. 电影 | 13. 水果 | | |

DAY 20

# 식사하셨습니까?

## 기본 회화

니 츠 판 러 마

A : 你吃饭了吗? Nǐ chī fàn le ma? 식사하셨습니까?

워 하이 메이 츠 너

B : 我还没吃呢。 Wǒ hái méi chī ne. 아직 안 먹었습니다.

워 먼 이 치 취 츠 판 바

A : 我们一起去吃饭吧。

Wǒ men yì qǐ qù chī fàn ba.

우리 같이 밥 먹으러 갑시다.

진 티엔 워 칭 크어

今天我请客。

Jīn tiān wǒ qǐng kè.

제가 초대할게요. (한턱 낼게요)

하오 아

B : 好啊。 Hǎo a. 좋습니다.

## 새 단어

了 le 러 동작의 완료를 나타내는 조사

还(還) hái 하이 아직

请客 qǐng kè 칭 크어 손님을 초대하다, 한턱 내다

客人 kè rén 크어 런 손님

## 해설

하이
- 还 [hái] : 행위가 이루어지기 전의 '아직'이란 뜻의 부사입니다. 완료 전 동작에 대한 부정을 나타내는 没有 [méi yǒu] 앞에 쓰여서 还没有 [hái méi yǒu] '아직 ~지 않았다'라는 뜻을 나타냅니다.

  (没有: 메이 요 / 还没有: 하이 메이 요)

  타 하이 메이 요 라이
  她还没(有)来。[Tā hái méi yǒu lái.] 그녀는 아직 안 왔습니다.

  끄어 거 하이 메이 취 투 슈 관
  哥哥还没去图书馆。[Gē ge hái méi qù tú shū guǎn.]
  형은 아직 도서관에 가지 않았습니다.

러
- 조사 了 [le]는 문장 끝이나 동사 뒤에 쓰여 동작 완료, 상황 발생 등을 표시합니다. 부정문은 동사 앞에 没有 [méi yǒu]를 쓰고 문장 끝에는 了는 생략합니다. 목적어 앞에 수식어를 쓸 경우 了는 문장 끝이 아니라 동사 뒤에 붙습니다. 이때는 동작 완료를 표시합니다.

  (没有: 메이 여우)

  워 흐어 지어우 러
  〈긍정문〉 我喝酒了 [wǒ hē jiǔ le.] 나는 술을 마셨습니다.

  워 메이 여우 흐어 지어우
  〈부정문〉 我没(有)喝酒。[wǒ méi (yǒu) hē jiǔ.] 나는 술을 마시지 않았습니다.

  니 흐어 지어우 러 마
  〈일반의문문〉 你喝酒了吗。[nǐ hē jiǔ le ma.] 당신은 술을 마셨습니까?

  니 흐어 지어우 러 메이 여우
  〈정반의문문〉 你喝酒了没有? [nǐ hē jiǔ le méi (yǒu)?]
  당신은 술을 마셨습니까, 안 마셨습니까?

  〈목적어 앞에 수식어구가 있는 경우〉

  워 흐어 러 이 뻬이 지어우
  我喝了一杯酒 [wǒ hē le yì bēi jiǔ.] 나는 술을 한 잔 마셨습니다.

· 不[bù]와 没有[méi yǒu]

不는 '~하지 않는다', '~하지 않겠다'는 뜻으로 주관적 의지의 부정을 나타냅니다.

没有는 '~하지 않았다'라는 뜻으로 과거의 일을 부정할 때 씁니다.

我不去。[wǒ bú qù.] 나는 가지 않겠습니다. / 나는 가지 않을 겁니다.

我没(有)去。[wǒ méi (yǒu) qù.] 나는 가지 않았습니다.

· 还没…呢 [hái méi…ne] '아직 ~하지 않았다.'라는 뜻으로, 동작이 아직 발생되지 않았거나 완성되지 않았음을 나타냅니다.

妈妈还没来呢。[Mā ma hái méi lái ne.] 엄마가 아직 오시지 않았어요.

**중국이 보인다! | 북방음식과 남방음식의 차이점**

중국 북방에서는 좀 자극적인 음식을 좋아해서 식초를 넣은 매콤한 요리, 기름에 볶은 요리, 짜고 신 요리를 즐겨 먹습니다.

중국 남방에서는 반대로 자극이 적은 음식을 좋아합니다. 그래서 모든 음식은 담백하게 만들고 달고 상큼한 맛이 대체로 남방 요리의 특징입니다.

예를 들면 중국의 탕수육은 북방에서 꾸어보우러우(**锅包肉**)라고 불리고 요리 자체가 톡 쏘는 식초 향이 강하고 소스가 고기 안에 스며들어 있습니다. 남방에서는 탕추리이지(**糖醋里脊**)라고 하는데 우리나라의 탕수육과 맛이 거의 똑같거나 좀 더 담백합니다.

## 응용 회화

니 시 환 츠 션 머
A : 你喜欢吃什么?
Nǐ xǐ huan chī shén me? 당신은 무엇을 좋아합니까?

워 시 환 츠 한 구어 차이
B : 我喜欢吃韩国菜。
Wǒ xǐ huan chī hán guó cài. 나는 한국 요리를 좋아합니다.

니 띠엔 차이 바
A : 你点菜吧。 Nǐ diǎn cài ba. 당신이 주문하세요.

라이 이 판 카오 로우 흐어 이 판 파오 차이
B : 来一盘烤肉和一盘泡菜。
Lái yì pán kǎo ròu hé yì pán pào cài.
불고기 한 접시와 김치 한 접시 주세요.

하오 칭 떵 이 시아
C : 好。 请等一下。
Hǎo. Qǐng děng yí xià. 네. 잠시만 기다리세요.

点(點) diǎn 띠엔 주문하다
菜 cài 차이 요리, 반찬
烤肉 kǎo ròu 카오 로우 불고기
泡菜 pào cài 파오 차이 김치
一下 yí xià 이 시아 한 번, 잠시
一盘(盤) yì pán 이 판 한 접시

## ★ 음식 조리 방법

카오
烤 [kǎo] 굽다

차오
炒 [chǎo] 볶다

쟈
炸 [zhá] 튀기다

샤오
烧 [shāo] 볶거나 튀기고 나서 졸이다

샤오 카오
烧烤 [shāo kǎo] 불에 굽다

쥬
煮 [zhǔ] 삶다

쩡
蒸 [zhēng] 찌다

지엔
煎 [jiān] 부치다

얜
腌 [yān] 담그다

## ★ 요리

카오 러우
烤肉 [kǎo ròu] 불고기

딴 차오 판
蛋炒饭 [dàn chǎo fàn] 계란볶음밥

쟈 지
炸鸡 [zhá jī] 치킨

쥬 지 딴
煮鸡蛋 [zhǔ jī dàn] 삶은 계란

쩡 지아오
蒸饺 [zhēng jiǎo] 찐만두

지엔 지 딴
煎鸡蛋 [jiān jī dàn] 계란부침

얜 파오 차이
腌泡菜 [yān pào cài] 김치를 담그다

| 번체자 | 간체자 | |
|---|---|---|
| 濁<br>흐릴 탁 | 浊<br>zhuó<br>쥬어 | 浊 浊 浊 浊 浊 浊 浊 浊 浊<br>浊 |
| 盤<br>소반 반 | 盘<br>pán<br>판 | 盘 盘 盘 盘 盘 盘 盘 盘 盘 盘 盘<br>盘 |
| 餃<br>만두 교 | 饺<br>jiǎo<br>지아오 | 饺 饺 饺 饺 饺 饺 饺 饺 饺<br>饺 |
| 謹<br>삼갈 근 | 谨<br>jǐn<br>찐 | 谨 谨 谨 谨 谨 谨 谨 谨 谨 谨 谨 谨 谨<br>谨 |

훈 쥬어
浑浊 혼탁하다
hún zhuó

팔
盘儿 큰 접시
pánr

지아오 즈
饺子 만두
jiǎo zi

찐 션
谨慎 (언행이) 신중하다
jǐn shèn

| 번체자 | 간체자 | |
|---|---|---|
| 圓<br>둥글 원 | 圆<br>yuán<br>위엔 | 圆 圆 圆 圆 圆 圆 圆 圆 圆 圆<br>圆 |
| 筆<br>붓 필 | 笔<br>bǐ<br>삐 | 笔 笔 笔 笔 笔 笔 笔 笔 笔 笔<br>笔 |

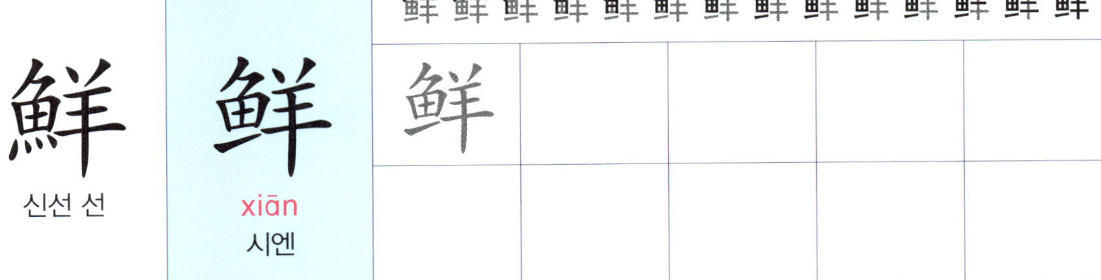

| 번체자 | 간체자 | |
|---|---|---|
| 鮮<br>신선 선 | 鲜<br>xiān<br>시엔 | 鲜 鲜 鲜 鲜 鲜 鲜 鲜 鲜 鲜 鲜 鲜 鲜 鲜 鲜<br>鲜 |

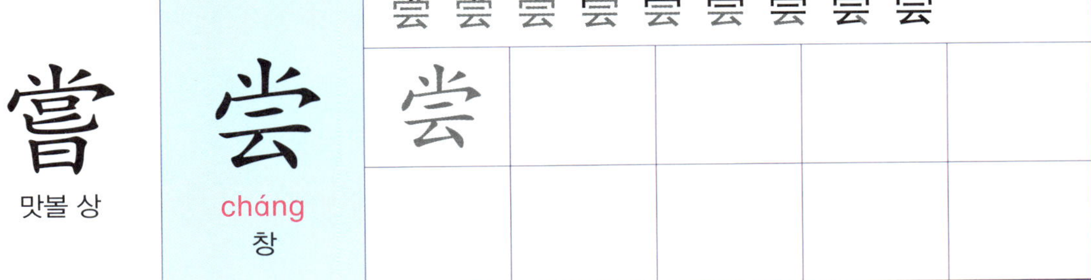

| 번체자 | 간체자 | |
|---|---|---|
| 嘗<br>맛볼 상 | 尝<br>cháng<br>창 | 尝 尝 尝 尝 尝 尝 尝 尝 尝<br>尝 |

| 위엔 쥬 삐<br>圆珠笔 볼펜<br>yuán zhū bǐ | 삐 흐어<br>笔盒 필통<br>bǐ hé | 신 시엔<br>新鲜 신선하다<br>xīn xiān | 창 창<br>尝尝 맛보다<br>cháng chang |
|---|---|---|---|

# 鱼 [yú] 위 물고기

▶ 螃蟹 [pángxiè] 게
(팡 시에)

▶ 金枪鱼 [jīnqiāngyú] 참치
(찐 치앙 위)

▶ 青花鱼 [qīnghuāyú] 고등어
(칭 후아 위)

▶ 金鱼 [jīnyú] 금붕어
(찐 위)

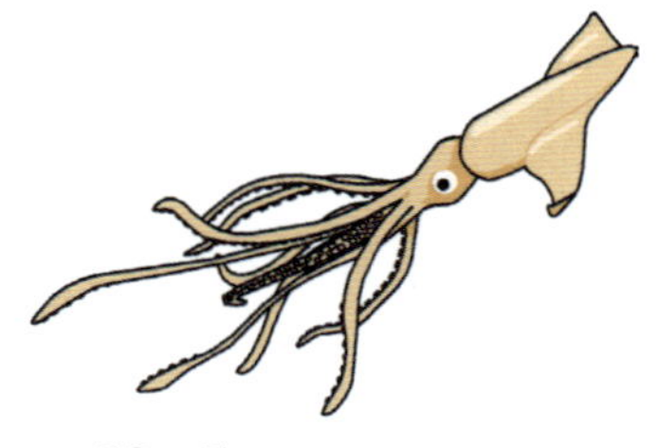

▶ 鱿鱼 [yóuyú] 오징어
(요우 위)

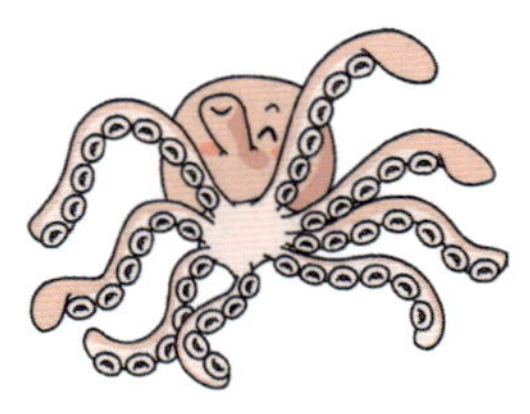

▶ 章鱼 [zhāngyú] 문어
(쟝 위)

시아
▶ 虾 [xiā] 새우

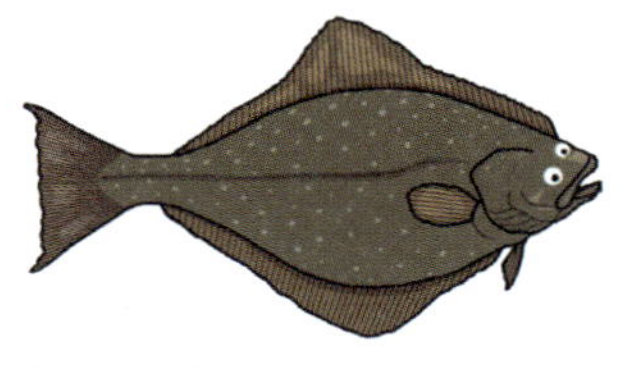

피엔 코우 위
▶ 偏口鱼 [piānkǒuyú] 광어

샤 위
▶ 鲨鱼 [shāyú] 상어

꾸이 위
▶ 鲑鱼 [guīyú] 연어

리 위
▶ 鲤鱼 [lǐyú] 잉어

롱 시아
▶ 龙虾 [lóngxiā] 바닷가재

샤 띵 위
▶ 沙丁鱼 [shādīngyú] 정어리

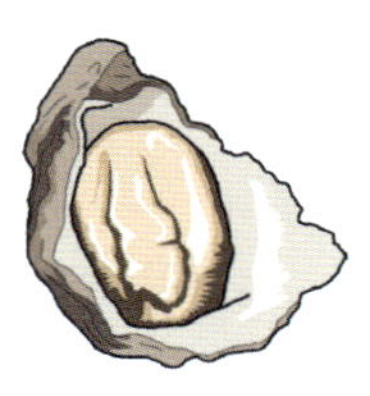

무 리
▶ 牡蛎 [mǔlì] 굴

练习题

## 평가 테스트

알맞은 단어를 골라 문장을 완성하세요.

了, 还, 一起, 请, 来, 等, 点, 什么

1. 你吃饭(______)吗? 당신은 식사하셨습니까?
2. 我(______)没吃呢。 아직 안 먹었습니다.
3. 我们(______)去吃饭吧。 우리 같이 밥 먹으러 갑시다.
4. 今天我(______)客。 오늘은 제가 살게요.
5. (______)一盘饺子。 물만두 한 접시 주세요.
6. 请(______)一下。 잠시만 기다리세요.
7. 你(______)菜吧。 당신이 주문하시지요.
8. 你喜欢吃(______)? 무엇을 좋아하세요?

한자를 써 넣으세요.

9. 손님을 초대하다 (______) qǐng kè
10. 요리를 주문하다 (______) diǎn cài
11. 불고기 (______) kǎo ròu
12. 물만두 (______) jiǎo zi
13. 한국 음식 (______) hán guó cài

| | | | | |
|---|---|---|---|---|
| 1. 了 | 2. 还 | 3. 一起 | 4. 请 | 5. 来 |
| 6. 等 | 7. 点 | 8. 什么 | 9. 请客 | 10. 点菜 |
| 11. 烤肉 | 12. 饺子 | 13. 韩国菜 | | |

# 이번 일요일에 시간 있으세요?

## 기본 회화

　　쯔어 거 씽 치 티엔 니 여우 스 지엔 마
A : 这个星期天你有时间吗?
Zhè ge xīng qī tiān nǐ yǒu shí jiān ma? 이번 일요일에 시간 있으세요?

　　여우 션 머 스
B : 有什么事? Yǒu shén me shì? 무슨 일 있어요?

　　나 티엔 스 따 웨이 더 셩 르 워 먼 여우 이 거 쮜 훼이
A : 那天是大伟的生日，我们有一个聚会。
Nà tiān shì dà wěi de shēng rì, Wǒ men yǒu yí ge jù huì.
그 날은 따웨이 생일인데, 우리 파티가 있어요.

　　니 찬 지아 뿌 찬 지아
你参加不参加?
Nǐ cān jiā bu cān jiā?
당신도 참석할래요, 안 할래요?

　　스 마 워 땅 란 찬 지아
B : 是吗? 我当然参加。
Shì ma? Wǒ dāng rán cān jiā.
그래요? 당연히 참석하죠.

## 새 단어

**那天** nà tiān 나 티엔 그 날

**参(參)加** cān jiā 찬 지아 참가하다, 참석하다

**当(當)然** dāng rán 땅란 당연히, 당연하다

**聚会(會)** jù huì 쮜 훼이 파티, 모임

| | |
|---|---|
| 매일 每天 [měi tiān] 메이 티엔 | 금년 今年 [jīn nián] 찐 니엔 |
| 매주 每个星期 [měi ge xīng qī] 메이 거 싱치 | 내년 明年 [míng nián] 밍 니엔 |
| 매월 每月 [měi yuè] 메이 위에 | 내후년 后年 [hòu nián] 허우 니엔 |
| 매년 每年 [měi nián] 메이 니엔 | 작년 去年 [qù nián] 취 니엔 |
| 지금 现在 [xiàn zài] 시엔 짜이 | 재작년 前年 [qián nián] 치엔 니엔 |

| | |
|---|---|
| 월요일 | 星期一 [xīng qī yī] 싱 치 이, 礼拜一 [lǐ bài yī] 리 바이 이 |
| 화요일 | 星期二 [xīng qī èr] 싱 치 얼, 礼拜二 [lǐ bài èr] 리 바이 얼 |
| 수요일 | 星期三 [xīng qī sān] 싱 치 싼, 礼拜三 [lǐ bài sān] 리 바이 싼 |
| 목요일 | 星期四 [xīng qī sì] 싱 치 쓰, 礼拜四 [lǐ bài sì] 리 바이 쓰 |
| 금요일 | 星期五 [xīng qī wǔ] 싱 치 우, 礼拜五 [lǐ bài wǔ] 리 바이 우 |
| 토요일 | 星期六 [xīng qī liù] 싱 치 리우, 礼拜六 [lǐ bài liù] 리 바이 리우 |
| 일요일 | 星期天 [xīng qī tiān] 싱 치 티엔, 礼拜天 [lǐ bài tiān] 리 바이 티엔 |

- 天(티엔) [tiān] 원래는 하늘이라는 뜻이었지만 대낮, 낮, 날씨로 확장되었고, 요일에 쓰이게 되면 일요일이라는 뜻이 됩니다.
  몇 요일은 星期几 [xīng qī jǐ] 싱 치 지

| | |
|---|---|
| 지난주 | 上个星期 [shàng ge xīng qī] 샹 거 싱 치 |
| 이번주 | 这个星期 [zhè ge xīng qī] 쩌거 싱 치 |
| 다음주 | 下个星期 [xià ge xīng qī] 시아 거 싱치 |

## 응용 회화

밍 티엔 완 샹 니 여우 스 지엔 마
A : 明天晚上你有时间吗?
Míng tiān wǎn shang nǐ yǒu shí jiān ma?
내일 저녁에 시간 있으세요?

여우 션 머 스
B : 有什么事?
Yǒu shén me shì? 무슨 일 있어요?

워 먼 이 치 취 칸 띠엔 잉 하오 뿌 하오
A : 我们一起去看电影，好不好?
Wǒ men yì qǐ qù kàn diàn yǐng, Hǎo bu hǎo?
우리 같이 영화 보러 가요, 어때요?

쭈이 진 요우 션 머 띠엔 잉
B : 最近有什么电影?
Zuì jìn yǒu shén me diàn yǐng? 요즘 무슨 영화 있어요?

워 예 뿌 즈 다오
A : 我也不知道。Wǒ yě bù zhī dào. 저도 몰라요.

하오 밍 티엔 완 샹 워 게이 니 따 띠엔 후아 바
B : 好。明天晚上我给你打电话吧。
Hǎo. Míng tiān wǎn shang wǒ gěi nǐ dǎ diàn huà ba.
좋아요. 내일 저녁 내가 전화할게요.

### 새 단어

好不好 hǎo bu hǎo 하오 뿌 하오 어떻습니까?

最近 zuì jìn 쭈이 진 최근

给(給) gěi 게이 ~에게, ~을 향하여

打 dǎ 따 (전화) 걸다, (전보) 치다, (번개) 치다

## 해설

- 给[게이] [gěi] : '주다'라는 동사로써, '~에게 ~을 주다'라는 뜻입니다.

  他给我书。(타 게이 워 수) [Tā gěi wǒ shū.] 그는 나에게 책을 준다.

  我给他打电话。(워 게이 타 따 띠엔 후아) [Wǒ gěi tā dǎ diàn huà.] 나는 그에게 전화를 건다.

- 好不好[하오 뿌 하오] [hǎo bu hǎo] : 상대방의 의사를 물을 때 문장 끝에 사용하여 '어떻습니까?'라는 부드러운 어감을 나타냅니다.

  我们一起去商店 好不好? (워 먼 이 치 취 샹 디엔 하오 뿌 하오) [Wǒ men yì qǐ qù shāng diàn, hǎo bu hǎo?]

  우리 같이 상점에 가는 게 어때요?

  我们去吃饭吧，好不好? (워 먼 취 츠 판 바 하오 뿌 하오) [Wǒ men qù chī fàn ba, hǎo bu hǎo?]

  우리 밥 먹으러 갑시다, 어때요?

**중국이 보인다! | 핸드폰**

중국에서는 핸드폰을 구입한 뒤 바로 SIM카드만 끼우면 사용할 수 있습니다. 개인정보를 등록할 필요가 없고 쉽고 간편하게 SIM카드를 여러 개 바꿔가면서 전화번호도 바꿀 수 있습니다. 핸드폰은 일반 매장이나 상점에 가면 구매할 수 있습니다. 그런데 중국인이 숫자 8을 좋아하기 때문에 전화번호도 8이 많이 들어갈수록 비싸진답니다.

중국에는 대표적인 두 개의 통신사가 있는데 중국이동통신과 중국렌통입니다. 중국에서 50위엔(한화로 약 8,000원)이면 SIM카드를 구매할 수 있습니다

练习题

## 평가 테스트

### 문장을 바르게 만드세요.

1. (有, 时间, 你, 吗?)　시간 있으세요?
   (____________________)
2. (一起, 看, 去, 电影, 我们)　우리 같이 영화 보러 가요.
   (____________________________)
3. (你, 给, 我, 电话, 打, 吧)　내가 당신에게 전화할께요.
   (____________________________)
4. (去, 吃, 饭, 我们, 一起, 吧)　우리 같이 밥 먹으러 갑시다.
   (________________________________)

### 중국어 한자를 쓰세요.

5. 사다 mǎi (______)
6. 일요일 xīng qī tiān (______)
7. 시간 shí jiān (______)
8. 참가 cān jiā (______)
9. 당연하다 dāng rán (______)
10. 어때요? hǎo bu hǎo (______)
11. 책 두 권 liǎng běn shū (______)
12. 최근 zuì jìn (______)

정답

1. 你有时间吗?　2. 我们一起去看电影。　3. 我给你打电话吧。　4. 我们一起去吃饭吧。
5. 买　6. 星期天　7. 时间　8. 参加
9. 当然　10. 好不好　11. 两本书　12. 最近

## 번체자 · 간체자 쓰기

| 번체자 | 간체자 | |
|---|---|---|
| 參<br>참여할 참 | 参<br>cān<br>찬 | 参 参 参 参 参 参 参 参<br>参 |
| 當<br>마땅 당 | 当<br>dāng<br>땅 | 当 当 当 当 当 当<br>当 |
| 會<br>모일 회 | 会<br>huì<br>훼이 | 会 会 会 会 会 会<br>会 |
| 單<br>홑 단 | 单<br>dān<br>딴 | 单 单 单 单 单 单 单 单<br>单 |

찬 지아
参加 참가하다
cān jiā

땅 란
当然 당연하다
dāng rán

훼이 이
会议 회의
huì yì

딴 웨이
单位 직장
dān wèi

| 번체자 | 간체자 | |
|---|---|---|
| 窮<br>다할 궁 | 穷<br>qióng<br>치웅 | 穷 穷 穷 穷 穷 穷<br>穷 |
| 給<br>줄 급 | 给<br>gěi<br>게이 | 给 给 给 给 给 给 给 给 给<br>给 |
| 牽<br>끌 견 | 牵<br>qiān<br>치엔 | 牵 牵 牵 牵 牵 牵 牵 牵 牵<br>牵 |
| 滿<br>찰 만 | 满<br>mǎn<br>만 | 满 满 满 满 满 满 满 满 满 满 满 满 满<br>满 |

치웅 런
穷人 가난뱅이
qióng rén

게이 치엔
给钱 돈을 주다
gěi qián

치엔 니우 후아
牵牛花 나팔꽃
qiān niú huā

만 주
满足 만족하다
mǎn zú

# 花 [huā] 후아 꽃

메이 꾸이
▶ 玫瑰 [méigui] 장미

시앙 르 쿠이
▶ 向日葵 [xiàngrìkuí] 해바라기

바이 흐어
▶ 百合 [bǎihé] 백합

치엔 니우 화
▶ 牵牛花 [qiānniúhuā] 나팔꽃

쥐 화
▶ 菊花 [júhuā] 국화

푸 꽁 잉
▶ 蒲公英 [púgōngyīng] 민들레

만 티엔 씽
▶ 满天星 [mǎntiānxīng] 안개꽃

위 찐 시앙
▶ 郁金香 [yùjīnxiāng] 튤립

뽀 쓰 쥐
▶ 波斯菊 [bōsījú] 코스모스

란 화
▶ 兰花 [lánhuā] 난초

뚜 쥐엔 화
▶ 杜鹃花 [dùjuānhuā] 진달래

쯔 루어 란
▶ 紫罗兰 [zǐluólán] 제비꽃

후 띠에 화
▶ 蝴蝶花 [húdiéhuā] 붓꽃

허 화
▶ 荷花 [héhuā] 연꽃

시엔 런 장
▶ 仙人掌 [xiānrénzhǎng] 선인장

DAY 22

# 친구와 백화점에 갑니다

## 기본 회화

쯔어 거 씽 치 티엔 니 깐 션 머

A : 这个星期天你干什么?

Zhè ge xīng qī tiān nǐ gàn shén me?

이번 일요일에 뭐 하세요?

워 취 바이 후어 샹 디엔 마이 치 파오

B : 我去百货商店, 买旗袍。

Wǒ qù bǎi huò shāng diàn mǎi qí páo.

저는 백화점에 치파오 사러 갑니다.

니 흐어 쉐이 취

A : 你和谁去? Nǐ hé shéi qù? 누구와 가세요?

워 흐어 펑 요우 취 바이 후어 샹 디엔

B : 我和朋友去百货商店。

Wǒ hé péng you qù bǎi huò shāng diàn. 나는 친구와 백화점에 갑니다.

### 새 단어

**干(幹)** gàn 깐 하다

**商店** shāng diàn 샹 디엔 상점

**百货商店** bǎi huò shāng diàn 바이 후어 샹 디엔 백화점

**旗袍** qí páo 치파오 치파오(중국 여자가 입는 원피스 모양의 옷)

## 해설

· 和 [hé] : 접속사로서 '~와', '~과'라는 뜻입니다.

我和妈妈一起吃饭。[Wǒ hé mā ma yì qǐ chī fàn]

나는 엄마와 같이 밥을 먹습니다.

和 [hé]와 같은 뜻을 가진 단어로는 跟 [gēn]이 있습니다.

明天我要跟他一起去。[Míng tiān wǒ yào gēn tā yì qǐ qù.]

내일 나는 그와 함께 가려고 한다.

★ 連動文 연동문 : (집에 가서 식사한다)처럼 동작의 목적이나 동작의 수단, 방법 등을 표현하려면 한 문장에 두 개 이상의 동사가 나열 되어 동작이 행해지는 순서에 따라 쓰이게 됩니다.

我回家吃饭。[Wǒ huí jiā chī fàn.] 나는 집에 가서 식사한다.

我出去玩儿。[Wǒ chū qu wánr.] 나는 나가서 논다.

我去图书馆看书。[Wǒ qù tú shū guǎn kàn shū.]

나는 도서관에 가서 책을 봅니다.

## 응용 회화

니 껀 쉐이 이 치 츠 판
A: 你跟谁一起吃饭?
Nǐ gēn shéi yì qǐ chī fàn?
당신은 누구와 같이 밥을 먹어요?

워 껀 띠 디 이 치 츠 판
B: 我跟弟弟一起吃饭。
Wǒ gēn dì di yì qǐ chī fàn.
나는 남동생과 같이 밥을 먹습니다.

니 흐어 쉐이 이 치 라이
A: 你和谁一起来? Nǐ hé shéi yì qǐ lái? 당신은 누구와 같이 옵니까?

워 흐어 라오 스 이 치 라이
B: 我和老师一起来。
Wǒ hé lǎo shī yì qǐ lái. 나는 선생님과 같이 옵니다.

니 쩐 머 샹 빤
A: 你怎么上班? Nǐ zěn me shàng bān? 당신은 어떻게 출근하세요?

워 치 쯔 싱 처 샹 빤
B: 我骑自行车上班。
Wǒ qí zì xíng chē shàng bān. 나는 자전거를 타고 출근합니다.

### 새 단어

怎么 zěn me 쩐 머 어떻게 | 上班 shàng bān 샹 빤 출근하다

## 해설

샹
- 上 [shàng] : ‘올라가다’, ‘위’ 뿐만 아니라 ‘시작하다’, ‘오르다’라는 뜻이 있습니다.

시아
下 [xià] : ‘내려가다’, ‘아래’ 뿐만 아니라 ‘끝나다’, ‘내리다’라는 뜻이 있습니다.

샹 커
上课 [shàng kè] 수업을 시작하다

진 티엔 야오 샹 커
今天要上课。[Jīn tiān yào shàng kè.] 오늘은 수업을 할거야.

샹 쉬에
上学 [shàng xué] 등교하다

메이 티엔 빠 디엔 샹 쉬에
每天八点上学。[Měi tiān bā diǎn shàng xué.] 매일 8시에 등교해요.

샹 우
上午 [shàng wǔ] 오전

샹 우 스 디엔 츠 판
上午十点吃饭。[Shàng wǔ shí diǎn chī fàn.] 오전 10시에 밥을 먹어요.

샹 빤
上班 [shàng bān] 출근하다

메이 티엔 지어우 디엔 빤 샹 빤
每天九点半上班。[Měi tiān jiǔ diǎn bàn shàng bān.] 매일 9시 반에 출근해요.

자오 샹
早上 [zǎo shang] 아침

완 샹
晚上 [wǎn shang] 저녁

메이 티엔 자오 샹 완 샹 흐어 니우 나이
每天早上, 晚上喝牛奶。[Měi tiān zǎo shang, wǎn shang hē niú nǎi.]

매일 아침, 저녁으로 우유를 마셔요.

시아 커
下课 [xià kè] 수업이 끝나다

스 디엔 스 펀 시아 커
十点十分下课。[Shí diǎn shí fēn xià kè.] 10시 10분에 수업 끝나요.

시아 빤
下班 [xià bān] 퇴근하다

메이 티엔 완 샹 빠 디엔 빤 시아 빤
每天晚上八点半下班。[Měi tiān wǎn shang bā diǎn bàn xià bān.]

매일 저녁 8시 반에 퇴근해요.

## 번체자 · 간체자 쓰기

| 번체자 | 간체자 | |
|---|---|---|
| 貨<br>재화 화 | 货<br>huò<br>후어 | 货 货 货 货 货 货 货 货<br>货 |
| 簡<br>대쪽 간 | 简<br>jiǎn<br>지엔 | 简 简 简 简 简 简 简 简 简 简 简 简 简<br>简 |
| 團<br>둥글 단 | 团<br>tuán<br>투안 | 团 团 团 团 团 团<br>团 |
| 靈<br>신령 령 | 灵<br>líng<br>링 | 灵 灵 灵 灵 灵 灵 灵<br>灵 |

후어 우
货物 화물
huò wù

지엔 딴
简单 간단하다
jiǎn dān

투안 티
团体 단체
tuán tǐ

링 후어
灵活 민첩하다
líng huó

| 번체자 | 간체자 | |
|---|---|---|
| 競<br>다툴 경 | 竞<br>jìng<br>찡 | 竞 竞 竞 竞 竞 竞 竞 竞 竞 竞<br>竞 |
| 樹<br>나무 수 | 树<br>shù<br>슈 | 树 树 树 树 树 树 树 树 树<br>树 |
| 溝<br>도랑 구 | 沟<br>gōu<br>꺼우 | 沟 沟 沟 沟 沟 沟 沟<br>沟 |
| 絶<br>끊을 절 | 绝<br>jué<br>쥐에 | 绝 绝 绝 绝 绝 绝 绝 绝 绝<br>绝 |

찡 정 竞争 경쟁하다 jìng zhēng

슈 무 树木 나무 shù mù

꺼우 텅 沟通 소통하다 gōu tōng

쥐에 뛔이 绝对 절대적 jué duì

# 自然 [zì rán, zì ran] 쯔 란 자연

▶ 山(산) [shān] 산

▶ 溪谷(씨 구) [xī gǔ] 골짜기

▶ 河(허) [hé] 강

▶ 树林(슈 린) [shù lín] 숲

▶ 草原(차오 위엔) [cǎo yuán] 들(들판, 초원)

▶ 小沟(시아오 고우) [xiǎo gōu] 개울

▶ 岩 [yán] 바위
(옌)

▶ 丘陵 [qiū líng] 언덕
(치우 링)

▶ 绝壁 [jué bì] 절벽
(쥐에 삐)

▶ 湖 [hú] 호수
(후)

▶ 火山 [huǒ shān] 화산
(후오 샨)

▶ 瀑布 [pù bù] 폭포
(푸 뿌)

▶ 沙漠 [shā mò] 사막
(샤 모)

▶ 洞窟 [dòng kū] 동굴
(똥 쿠)

단어를 선택하여 문장을 완성하세요.

和, 去, 看, 骑, 上班, 跟

1. 我( ____ )妈妈去百货商店买衣服。
나는 엄마와 같이 백화점에 옷 사러 갑니다.

2. 哥哥( ____ )图书馆( ____ )书。 형은 도서관에 가서 책을 봅니다.

3. 我( ____ )自行车( ____ )。 나는 자전거를 타고 출근합니다.

4. 你( ____ )谁一起吃饭? 당신은 누구와 같이 밥을 먹습니까?

다음 단어를 중국어로 쓰세요.

5. 일요일 xīng qī tiān ( ______ )

6. 식사하다 chī fàn ( ______ )

7. 자전거 zì xíng chē ( ______ )

8. 출근하다 shàng bān ( ______ )

9. 퇴근하다 xià bān ( ______ )

10. 옷을 사다 mǎi yī fu ( ______ )

| 1. 和 | 2. 去, 看 | 3. 骑, 上班 | 4. 跟 | 5. 星期天 |
|---|---|---|---|---|
| 6. 吃饭 | 7. 自行车 | 8. 上班 | 9. 下班 | 10. 买衣服 |

# 영화 보고 싶어요

## 기본 회화

쩌우 무어 니 시앙 깐 션 머
A : 周末你想干什么?
Zhōu mò nǐ xiǎng gàn shén me? 주말에 뭐하고 싶어요?

워 시앙 칸 띠엔 잉 니 너
B : 我想看电影。你呢?
Wǒ xiǎng kàn diàn yǐng. nǐ ne?
저는 영화를 보고 싶습니다. 당신은요?

워 시앙 짜이 지아 칸 슈
A : 我想在家看书。
Wǒ xiǎng zài jiā kàn shū.
저는 집에서 책 보고 싶어요.

니 지앙 라이 시앙 깐 션 머
A : 你将来想干什么?
Nǐ jiāng lái xiǎng gàn shén me? 당신 장래에 뭐하고 싶어요?

워 시앙 땅 뽀 인 위엔
B : 我想当播音员。
Wǒ xiǎng dāng bō yīn yuán. 저는 아나운서가 되고 싶습니다.

## 새 단어

周(週)末 zhōu mò 쩌우 무어 주말
想 xiǎng 시앙 ~하고 싶다
电影 diàn yǐng 띠엔 잉 영화
将(將)来 jiāng lái 지앙 라이 장래
当(當) dāng 땅 ~이 되다, ~을 맡다
播音员(員) bō yīn yuán 뽀 인 위엔 아나운서

## 해설

시앙
• **想** [xiǎng] : '~하려고 하다', '~ 하고 싶다'라는 뜻을 나타내는 능원동사입니다. 부정은 뿌 시앙 **不想** [bù xiǎng]입니다.

워 시앙 칸 띠엔 잉
我想看电影。[Wǒ xiǎng kàn diàn yǐng.] 나는 영화를 보고 싶다.

**想 + 동사 + 목적어** '~을 하고 싶다', '~을 하려고 한다'

워 뿌 시앙 칸 띠엔 잉
부정문 : 我不想看电影。[Wǒ bù xiǎng kàn diàn yǐng.]

나는 영화를 보고 싶지 않다.

니 시앙 칸 띠엔 잉 마
의문문 : 你想看电影吗? [Nǐ xiǎng kàn diàn yǐng ma?]

너는 영화를 보고 싶니?

니 시앙 뿌 시앙 칸 띠엔 잉
정반의문문 : 你想不想看电影? [Nǐ xiǎng bu xiǎng kàn diàn yǐng?]

너 영화 보고 싶어, 안 보고 싶어?

땅
• **当(當)** [dāng] : '~이 되다', '~을 맡다'라는 뜻의 동사입니다. 부정은 뿌 땅 **不当** [bù dāng]입니다. 또 시앙 땅 **想当**이 같이 있으면 이에 부정은 뿌 시앙 땅 **不想当**이 됩니다.

워 땅 쉬에 셩 훼이 장
我当学生会长。[Wǒ dāng xué sheng huì zhǎng.] 나는 학생회장을 맡았습니다.

워 시앙 땅 빤 쟝
我想当班长。[Wǒ xiǎng dāng bān zhǎng.] 나는 반장이 되고 싶다.

워 뿌 땅 쉬에 셩 훼이 장
부정문 : 我不当学生会长。[Wǒ bù dāng xué sheng huì zhǎng.]

나는 학생회장을 맡기 싫다.

워 뿌 시앙 땅 반 장
我不想当班长。[Wǒ bù xiǎng dāng bān zhǎng.]

나는 반장이 되고 싶지 않다.

니 뿌 당 쉬에 셩 훼이 장 마
의문문 : 你不当学生会长吗? [Nǐ bù dāng xué sheng huì zhǎng ma?]

너는 학생회장을 맡기 싫어?

니 뿌 시앙 땅 반 장 마
你不想当班长吗? [Nǐ bù xiǎng dāng bān zhǎng ma?]

너는 반장이 되고 싶지 않아?

니 땅 부 땅 쉬에 셩 훼이 장
정반의문문 : 你当不当学生会长? [Nǐ dāng bu dāng xué sheng huì zhǎng?]

너는 학생회장을 맡을래, 맡지 않을래?

니 시앙 부 시앙 땅 반 장
你想不想当班长? [Nǐ xiǎng bu xiǎng dāng bān zhǎng?]

너는 반장이 되고 싶어, 되고 싶지 않아?

※ 이처럼 '~가 되고 싶다'할 때는 주어 + 想不想 + 当 + 목적어를 사용

**중국이 보인다! | 대학 입학 시험**

중국에는 약 2,305개의 대학(전문대 1,200여 개 포함)이 있습니다.

중국에서는 TOP 100 안에 들면 명문대에 속합니다.

시험 과목은 한국과 비슷하게 문과와 이과 공통과목(각각 150점 만점) 국어 · 수학 · 외국어와 문과는 정치 · 역사 · 지리(각각 100점 만점), 이과는 물리 · 화학 · 생물(각각 100점 만점)

총 6과목을 시험 보고 만점은 750점입니다

2013년도 대학교 TOP 10입니다

북경대학교, 청화대학교, 복단대학교, 절강대학교, 상해교통대학교, 남개대학교, 중산대학교, 길림대학교, 무한대학교, 중국과학기술대학교

## 응용 회화

수 지아 니 시앙 취 나 알
A: 暑假你想去哪儿?
Shǔ jià nǐ xiǎng qù nǎr?
여름방학에 어디 가고 싶어요?

워 시앙 취 어우 져우 뤼 여우
B: 我想去欧洲旅游。
Wǒ xiǎng qù ōu zhōu lǚ yóu.
저는 유럽에 여행 가고 싶습니다.

하오 아 워 쩐 시엔 무 니
A: 好啊。我真羡慕你。
Hǎo a. Wǒ zhēn xiàn mù nǐ. 좋아요. 저는 당신이 정말 부러워요.

니 시앙 깐 션 머
B: 你想干什么? Nǐ xiǎng gàn shén me? 당신은 뭘하고 싶어요?

워 시앙 취 지 져우 다오
A: 我想去济州岛。
Wǒ xiǎng qù jì zhōu dǎo. 저는 제주도에 가고 싶습니다.

### 새 단어

- **暑假** shǔ jià 수 지아 여름방학
- **欧洲** ōu zhōu 어우 죠우 유럽
- **旅游** lǚ yóu 뤼 여우 여행하다
- **真(眞)** zhēn 쩐 정말, 정말로
- **羡慕** xiàn mù 시엔 무 부럽다
- **济(濟)州岛(島)** jì zhōu dǎo 지 져우 다오 제주도

## 해설

수 지아
**暑假** [shǔ jià] 여름방학

한 지아
**寒假** [hán jià] 겨울방학

팡 지아
**放假** [fàng jià] 방학을 하다, 휴가를 하다

쯔어 거 수 지아 니 깐 션 머
**这个暑假你干什么?** [Zhè ge shǔ jià nǐ gàn shén me?]

이번 여름방학에 너는 무엇을 할 거야?

팡 지아 쯔어 지 티엔 니 야오 깐 션 머
**放假这几天你要干什么?** [Fàng jià zhè jǐ tiān nǐ yào gàn shén me?]

휴가 동안 너는 무엇을 할 거야?

팡 수 지아
**放暑假。** [fàng shǔ jià] 여름방학을 하다.

팡 한 지아
**放寒假。** [fàng hán jià] 겨울방학을 하다.

# 번체자 · 간체자 쓰기

| 번체자 | 간체자 | |
|---|---|---|
| 週<br>주일 주 | 周<br>zhōu<br>쩌우 | 周 周 周 周 周 周 周 周<br>周 |
| 將<br>장차 장 | 将<br>jiāng<br>지앙 | 将 将 将 将 将 将 将 将 将<br>将 |
| 慶<br>경사 경 | 庆<br>qìng<br>칭 | 庆 庆 庆 庆 庆 庆<br>庆 |
| 備<br>갖출 비 | 备<br>bèi<br>뻬이 | 备 备 备 备 备 备 备 备<br>备 |

| | | | |
|---|---|---|---|
| 쩌우 무어<br>周末 주말<br>zhōu mò | 지앙 라이<br>将来 장래<br>jiāng lái | 칭 쮸<br>庆祝 경축하다<br>qìng zhù | 쥰 뻬이<br>准备 준비하다<br>zhǔn bèi |

| 번체자 | 간체자 | |
|---|---|---|
| 廟<br>사당 묘 | 庙<br>miào<br>미아오 | 庙 庙 庙 庙 庙 庙 庙 庙<br>庙 |
| 亞<br>버금 아 | 亚<br>yà<br>야 | 亚 亚 亚 亚 亚<br>亚 |
| 濟<br>건설 제 | 济<br>jì<br>찌 | 济 济 济 济 济 济 济 济 济<br>济 |
| 島<br>섬 도 | 岛<br>dǎo<br>따오 | 岛 岛 岛 岛 岛 岛 岛<br>岛 |

쓰 미아오
寺庙 사원, 절
sì miào

야 쮠
亚军 제2위
yà jūn

지 져우 따오
济州岛 제주도
jì zhōu dǎo

하이 따오
海岛 섬
hǎi dǎo

# 色 [sè] 써 색

▶ 红色 (홍 써) [hóng sè] 빨간색

▶ 橘黄色 (쥐 황 써) [jú huáng sè] 주황색

▶ 黄色 (황 써) [huáng sè] 노란색

▶ 绿色 (뤼 써) [lǜ sè] 초록색

▶ 蓝色 (란 써) [lán sè] 파란색

▶ 紫色 (쯔 써) [zǐ sè] 보라색

▶ 褐色(흐어 써) [hè sè] 갈색

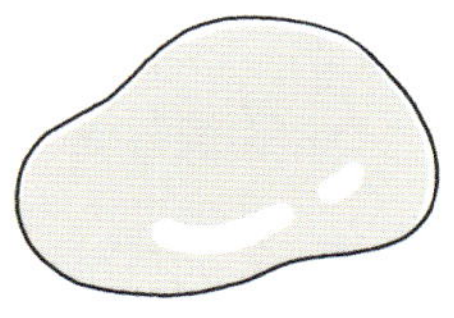

▶ 灰色(후이 써) [huī sè] 회색

▶ 藏青色(짱 칭 써) [zàng qīng sè] 남색

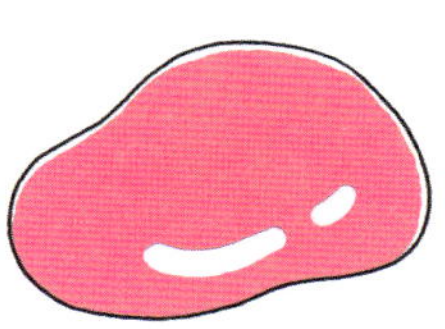

▶ 粉红色(펀 홍 써) [fěn hóng sè] 분홍색

▶ 黑色(헤이 써) [hēi sè] 검은색

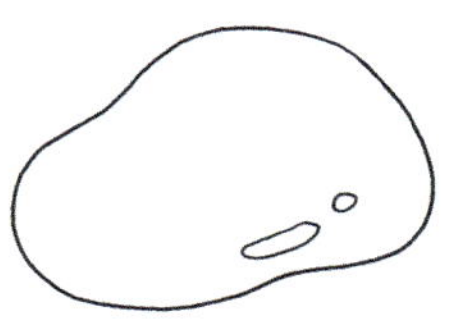

▶ 白色(바이 써) [bái sè] 흰색

练习题

## 평가 테스트

### 다음 문장을 해석하세요.

1. 周末你想干什么? (______________)
2. 我想在家看电影。 (______________)
3. 你想干什么? (______________)
4. 明天你想去哪儿? (______________)

### 중국어로 번역하세요.

5. 책 보고 싶어요. (______________)
6. 너 영화 보고 싶니? (______________)
7. 나는 선생님이 되고 싶다. (______________)

### 다음은 한자로 써 보세요.

8. 주말 (______)
9. 여행 (______)
10. 텔레비전 (______)
11. 핸드폰 (______)

정답

1. 주말에 뭐할 거야? 2. 나는 집에서 영화를 보고 싶어요. 3. 너는 뭐할 거야? 4. 내일 어디에 가고 싶어?
5. 我想看书。 6. 你想看电影吗? 7. 我想当老师。 8. 周末
9. 旅游 10. 电视 11. 手机

# 일본에 가 본 적 있습니까?

## 기본 회화

니 취 구어 르 뻔 마
A : 你去过日本吗?
Nǐ qù guo rì běn ma? 당신은 일본에 가 본 적 있습니까?

워 하이 메이 취 구어 르 뻔
B : 我还没去过日本。
Wǒ hái méi qù guo rì běn.
저는 아직 일본에 가 본 적이 없습니다.

니 칸 구어 한 구어 띠엔 스 쥐 미 미 화 위엔 마
A : 你看过韩国电视剧 "秘密花园" 吗?
Nǐ kàn guo hán guó diàn shì jù "mì mì huā yuán" ma?
당신은 한국 드라마 '시크릿가든'을 본 적이 있습니까?

하이 메이 칸 구어 커 스 워 팅 슈어 구어
B : 还没看过, 可是我听说过。
Hái méi kàn guo, Kě shì wǒ tīng shuō guo.
아직 못 봤습니다. 하지만 들어보기는 했습니다.

## 새 단어

过(過) guo 구어 ~한 적이 있다
日本 rì běn 르 뻔 일본
还(還) hái 하이 아직
韩国(韓國) hán guó 한 구어 한국
电视剧(劇) diàn shì jù 띠엔 스 쥐 드라마
秘密 mì mì 미 미 비밀
花园(園) huā yuán 화 위엔 화원, 정원
秘密花园 mì mì huā yuán 미 미 화 위엔 시크릿가든(한국 드라마)
可是 kě shì 커 스 그러나, 하지만
听说 tīng shuō 팅 슈어 듣자하니

## 해설

- 过 [guo] : '~한 적이 있다'라는 의미로 동사의 뒤에 붙어서 과거의 경험을 나타냅니다. 이때는 경성으로 읽습니다.

  ① 동사 + 过 : ~한 적이 있다

  我去过美国。[Wǒ qù guo měi guó.] 나는 미국에 가 본 적이 있다.

  ② 부정문 : 没(有) + 동사 + 过 : ~한 적이 없다

  我没(有)见过他。[Wǒ méi yǒu jiàn guo tā.] 저는 그를 만난 적이 없습니다.

  ③ 일반의문문 : 동사 + 过 + 吗?

  你去过中国吗? [Nǐ qù guo zhōng guó ma?]

  당신은 중국에 가 본 적 있습니까?

  ④ 정반의문문 : 동사 + 过 + 没有?

  你看过这本书没有? [Nǐ kàn guo zhè běn shū méi yǒu?]

  당신은 이 책을 본 적 있습니까? 없습니까?

- 听说 [tīng shuō] : 听 [tīng] '듣다'와 说 [shuō] '말하다'가 합쳐진 것으로 보통 문장의 맨 앞에 와서 '~ 듣자하니'라는 뜻을 나타냅니다. 听说가 동사로 쓰일 때도 있는데 이때는 '들어 보다'라는 뜻입니다.

  听说, 他去北京了。[Tīng shuō, tā qù běi jīng le.]

  듣자하니, 그는 북경에 갔다는군요.

  我听说过。[Wǒ tīng shuō guo.] 저는 들어본 적이 있습니다.

  没(有)听说过。[Méi yǒu tīng shuō guo.] 들어본 적이 없습니다.

• 可是 커 스 [kě shì] : 접속사로서 '하지만', '그러나'라는 의미를 나타내며 복합문에 쓰여 두 문장 내용의 전환을 나타냅니다.

타 니엔 지 부 따 커 스 딴 즈 뿌 시아오
他年纪不大, 可是胆子不小。[Tā nián jì bú dà, kě shì dǎn zi bù xiǎo.]

그는 나이는 적지만 배짱은 두둑하다.

타 헌 피아오 리앙 커 스 하이 메이 여우 난 펑 여우
她很漂亮, 可是还没有男朋友。

[Tā hěn piào liang kě shì hái méi yǒu nán péng you.]

그녀는 아주 예쁘지만 아직 남자 친구가 없다.

타 여우 디 알 부 까오 씽 커 스 메이 여우 슈어 추 라이
他有点儿不高兴, 可是没有说出来。

[Tā yǒu diǎnr bù gāo xìng kě shì méi yǒu shuō chu lai.]

그는 조금 기분 나빴지만 말을 꺼내지 않았다.

**중국이 보인다! | 복(福)를 거꾸로 붙이는 이유**

'**福**'는 '행운', '복'이라는 뜻으로 설날 **福**를 빨간색으로 오려서 곳곳에 붙입니다. 예전에는 생활이 지금처럼 여유롭지 못하다 보니 **福**로 많은 희망을 표현했습니다. 그리고 가끔씩 **福**를 거꾸로 붙이는 경우가 있는데 '행복이 왔다'는 뜻으로 해석됩니다. 미래에 대한 희망과 행복에 대한 갈망을 표현하는 것이겠죠?

## 응용 회화

타 라이 구어 마
A: 他来过吗? Tā lái guo ma? 그는 온 적이 있습니까?

타 메이 라이 구어
B: 他没来过。 Tā méi lái guo. 그는 온 적이 없습니다.

니 취 구어 베이 징 똥 우 위엔 마
A: 你去过北京动物园吗?
Nǐ qù guo běi jīng dòng wù yuán ma?
너 북경 동물원에 가본 적 있니?

워 취 구어 뻬이 징 똥 우 위엔
B: 我去过北京动物园。
Wǒ qù guo běi jīng dòng wù yuán.
나는 북경 동물원에 가본 적이 있어.

니 짜이 쭝 구어 쭈오 구어 후어 처 마
A: 你在中国坐过火车吗?
Nǐ zài zhōng guó zuò guo huǒ chē ma? 너 중국에서 기차 타 본 적 있니?

워 짜이 쭝 구어 쭈오 구어 후어 처
B: 我在中国坐过火车。
Wǒ zài zhōng guó zuò guo huǒ chē. 나는 중국에서 기차 타 본 적 있어.

### 새 단어

北京 běi jīng 베이 징 북경(중국 수도)

动(動)物园(園) dòng wù yuán 똥 우 위엔 동물원

火车(車) huǒ chē 후어 처 기차

坐 zuò 쭈오 앉다, 타다

在 zài 짜이 (장소) ~에서

## 평가 테스트

练习题

### 다음 단어로 문장을 완성하세요.

1. (去, 动物园, 我, 过) 나는 동물원에 가 본 적 있다.
   (__________________)
2. (他, 北京, 听说, 了, 去) 듣자하니 그는 북경에 갔다고 하네요.
   (______________________)
3. (烤鸭, 过, 你, 吗, 吃) 너 오리구이 먹어 본 적 있니?
   (____________________)
4. (没看过, 我, 中国, 电影) 나는 중국 영화를 본 적이 없다.
   (______________________)

### 다음 한자를 쓰세요.

5. huǒ chē 기차 (______)
6. tīng shuō 듣자하니 (______)
7. rì běn 일본 (______)
8. diàn shì jù 드라마 (______)
9. mì mì 비밀 (______)
10. hán guó 한국 (______)
11. dòng wù yuán 동물원 (______)

1. 我去过动物园。 2. 听说他去了北京。 3. 你吃过烤鸭吗? 4. 我没看过中国电影。
5. 火车 6. 听说 7. 日本 8. 电视剧
9. 秘密 10. 韩国 11. 动物园

## 번체자 · 간체자 쓰기

| 번체자 | 간체자 | 쓰기 |
| --- | --- | --- |
| 嘆<br>탄식할 탄 | 叹<br>tàn<br>탄 | 叹 叹 叹 叹 叹<br>叹 |
| 準<br>준할 준 | 准<br>zhǔn<br>준 | 准 准 准 准 准 准 准 准 准 准<br>准 |
| 劇<br>연극 극 | 剧<br>jù<br>쥐 | 剧 剧 剧 剧 剧 剧 剧 剧 剧 剧<br>剧 |
| 園<br>동산 원 | 园<br>yuán<br>위엔 | 园 园 园 园 园 园 园<br>园 |

- 叹气(탄 치) 탄식하다 tàn qì
- 准时(쥰 스) 제때에 zhǔn shí
- 剧场(쥐 창) 극장 jù chǎng
- 公园(꽁 위엔) 공원 gōng yuán

| 번체자 | 간체자 | |
|---|---|---|
| 舉<br>들 거 | 举<br>jǔ<br>쥐 | 举 举 举 举 举 举 举 举 举<br>举 |
| 鴨<br>오리 압 | 鸭<br>yā<br>야 | 鸭 鸭 鸭 鸭 鸭 鸭 鸭 鸭 鸭 鸭<br>鸭 |
| 紀<br>법 기 | 纪<br>jì<br>지 | 纪 纪 纪 纪 纪 纪<br>纪 |
| 輕<br>가벼울 경 | 轻<br>qīng<br>칭 | 轻 轻 轻 轻 轻 轻 轻 轻 轻<br>轻 |

举行(쥐 씽) 거행하다
jǔ xíng

鸭子(야 즈) 오리
yā zi

纪念(지 니엔) 기념
jì niàn

轻松(칭 송) 홀가분하다
qīng sōng

# 反义词 [fǎn yì cí] 판 이 츠 반대말 1

▶ 好 하오 [hǎo] 좋다 ↔ ▶ 坏 화이 [huài] 나쁘다

▶ 高 까오 [gāo] 높다 ↔ ▶ 低 디 [dī] 낮다

▶ 大 따 [dà] 크다 ↔ ▶ 小 시아오 [xiǎo] 작다

▶ 干净 깐 징 [gānjìng] 깨끗하다 ↔ ▶ 脏 짱 [zāng] 더럽다

▶ 亮(리앙) [liàng] 밝다 ↔ ▶ 暗(안) [àn] 어둡다

▶ 轻(칭) [qīng] 가볍다 ↔ 
▶ 重(쭝) [zhòng] 무겁다

▶ 宽(콴) [kuān] 넓다 ↔ ▶ 窄(쟈이) [zhǎi] 좁다

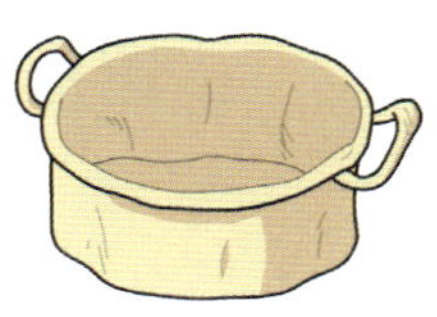

▶ 新(씬) [xīn] 새로운 ↔ ▶ 旧(찌우) [jiù] 낡다

# DAY 25 어디에 사세요?

## 기본 회화

니 쭈 짜이 날
A: 你住在哪儿? Nǐ zhù zài nǎr? 당신은 어디 사세요?

워 쭈 짜이 쇼우 얼 무 뚱 니 너
B: 我住在首尔木洞，你呢?
Wǒ zhù zài shǒu ěr mù dòng, Nǐ ne?
나는 서울 목동에서 살아요, 당신은요?

워 쭈 짜이 얜 스 따 쉬에 리우 쉬에 셩 쑤 스어
A: 我住在延世大学留学生宿舍。
Wǒ zhù zài yán shì dà xué liú xué shēng sù shè.
저는 연세대학교 유학생 기숙사에서 살아요.

쉬에 시아오 푸 진 요우 샹 디엔 수 디엔 인 항 헌 팡 비엔
学校附近有商店，书店，银行。很方便。
Xué xiào fù jìn yǒu shāng diàn, shū diàn, yín háng, Hěn fāng biàn.
학교 근처에 상점, 서점, 은행이 있어서 아주 편리합니다.

## 새 단어

**住** zhù 쭈 살다

**延世大学** yán shì dà xué 얜스따쉬에 연세대학교

**留学生** liú xué shēng 리우 쉬에 셩 유학생

**宿舍** sù shè 쑤 스어 기숙사

**首尔(爾)** shǒu ěr 쇼우 얼 서울

**附近** fù jìn 푸 진 근처, 부근

**商店** shāng diàn 샹 디엔 상점

**书店** shū diàn 수 디엔 서점

**银行** yín háng 인 항 은행

**方便** fāng biàn 팡 비엔 편리하다

## 해설

• 동사 + 在 짜이 [zài]

여기서 在는 동사 뒤에 쓰여 동작의 결과를 나타내는 결과보어입니다. 在 뒤에는 장소, 목적어가 쓰여 동작이 그 장소에 고정되었다는 뜻입니다.

워 주 짜이 베이 징
我住在北京。[Wǒ zhù zài běi jīng]
나는 베이징에 살고 있습니다.

타 짠 자이 워 더 팡 비알
她站在我的旁边儿。[Tā zhàn zài wǒ de páng biānr]
그녀는 내 옆에 서 있습니다.

워 짠 짜이 샨 딩 샹
我站在山顶上。[Wǒ zhàn zài shān dǐng shang]
나는 산 정상에 서 있다.

• 有 요우 [yǒu] : '(무엇이) 있다'라는 뜻입니다.

장소 + 有 + 존재하는 사물

워 요우 쇼우 지
我有手机。[Wǒ yǒu shǒu jī.] 나는 핸드폰이 있다.

워 지아 푸 진 요우 투 슈 관
我家附近有图书馆。[Wǒ jiā fù jìn yǒu tú shū guǎn.]
우리 집 근처에 도서관이 있다.

## 응용 회화

A: 니 시엔 짜이 쭈 짜이 날
你现在住在哪儿?
Nǐ xiàn zài zhù zài nǎr? 당신은 지금 어디에 살고 있어요?

B: 워 쭈 짜이 쉬에 셩 쑤 스어
我住在学生宿舍。
Wǒ zhù zài xué shēng sù shè. 저는 학생 기숙사에 살고 있습니다.

A: 니 쭈 짜이 날
你住在哪儿? Nǐ zhù zài nǎr? 당신은 어디에 사세요?

B: 워 쭈 짜이 중 루
我住在钟路。 Wǒ zhù zài zhōng lù. 저는 종로에 살아요.

A: 니 쩡 짜이 후이 지아 마
你正在回家吗?
Nǐ zhèng zài huí jiā ma?
당신은 집에 돌아가는 중인가요?

B: 스 더 워 쩡 짜이 후이 지아
是的, 我正在回家。
Shì de, Wǒ zhèng zài huí jiā. 네, 저는 집으로 돌아가는 중이에요.

A: 워 먼 이 치 취 바 쩡 하오 워 예 취 중 루
我们一起去吧, 正好我也去钟路。
Wǒ men yì qǐ qù ba, zhèng hǎo wǒ yě qù zhōng lù.
우리 같이 가요. 저도 종로에 가는 중이에요.

B: 하오 더
好的。 Hǎo de. 좋아요.

### 새 단어

正在 zhèng zài 쩡 짜이 ~하는 중 | 回家 huí jiā 후이 지아 집으로 돌아가다

练习题

## 평가 테스트

### 괄호 안을 채우세요.

1. 我(____)首尔。 나는 서울에 살아요.
2. 我站(____)山顶上。 나는 산 정상에 서 있다.
3. 宿舍条件(____)? 기숙사 조건은 어때요?
4. 我(____)手机。 나는 핸드폰이 있다.

### 다음을 해석하세요.

5. 周末你想干什么? zhōu mò nǐ xiǎng gàn shén me?

(________________________)

6. 我想当律师. wǒ xiǎng dāng lǜ shī.

(________________________)

7. 你去过日本吗? nǐ qù guo rì běn ma?

(________________________)

8. 我还没去过日本. wǒ hái méi qù guo rì běn.

(________________________)

9. 我喜欢看电影. wǒ xǐ huan kàn diàn yǐng.

(________________________)

1. 住在　2. 在　3. 怎么样　4. 有
5. 주말에 당신은 뭐할 거예요?　6. 저는 변호사가 되고 싶어요　7. 당신은 일본에 가본 적 있어요?
8. 저는 아직 일본에 가본 적이 없어요　9. 저는 영화 보는 것을 좋아해요

## 번체자 · 간체자 쓰기

| 번체자 | 간체자 | |
|---|---|---|
| 爾<br>너 이 | 尔<br>ěr<br>얼 | 尔 尔 尔 尔 尔<br>尔 |
| 昇<br>오를 승 | 升<br>shēng<br>셩 | 升 升 升 升<br>升 |
| 錯<br>섞일 착 | 错<br>cuò<br>추오 | 错 错 错 错 错 错 错 错 错 错 错 错 错<br>错 |
| 銀<br>은 은 | 银<br>yín<br>인 | 银 银 银 银 银 银 银 银 银 银 银<br>银 |

- 首尔 서울 (셔우 얼) Shǒu ěr
- 升官 관직이 오르다 (셩 관) shēng guān
- 不错 좋다 (부 추오) bú cuò
- 银行 은행 (인 항) yín háng

| 번체자 | 간체자 | |
|---|---|---|
| 頂<br>꼭대기 정 | 顶<br>dǐng<br>띵 | 顶 顶 顶 顶 顶 顶 顶 顶<br>顶 |
| 劃<br>그을 획 | 划<br>huà<br>후아 | 划 划 划 划 划 划<br>划 |
| 奪<br>빼앗을 탈 | 夺<br>duó<br>뚜어 | 夺 夺 夺 夺 夺 夺<br>夺 |
| 討<br>칠 토 | 讨<br>tǎo<br>타오 | 讨 讨 讨 讨 讨<br>讨 |

띵 뚜어
顶多 기껏해야
dǐng duō

지 화
计划 계획하다
jì huà

쩡 뚜어
争夺 쟁탈하다
zhēng duó

타오 얜
讨厌 싫다
tǎo yàn

# 反义词 [fǎn yì cí] 판 이 츠 반대말 2

▶ 快(콰이) [kuài] 빠르다 ↔ ▶ 慢(만) [màn] 느리다

▶ 多(뚜오) [duō] 많다 ↔ ▶ 少(샤오) [shǎo] 적다

▶ 高兴(까오 씽) [gāoxìng] 기쁘다 ↔ ▶ 悲(뻬이) [bēi] 슬프다

▶ 喜欢(시 환) [xǐhuan] 좋아하다 ↔ ▶ 讨厌(타오 옌) [tǎoyàn] 싫어하다

피아오 리앙
▶ 漂亮 [piàoliang] 아름답다 ↔ 

쵸우
▶ 丑 [chǒu] 추하다

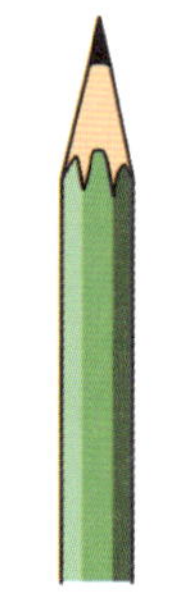

창
▶ 长 [cháng] 길다 ↔ 

뚜안
▶ 短 [duǎn] 짧다

후아 리
▶ 华丽 [huálì] 화려하다 ↔ 

푸 수
▶ 朴素 [pǔsù] 수수하다

푸 위
▶ 富裕 [fùyù] 부유하다 ↔ 

핀 치옹
▶ 贫穷 [pínqióng] 가난하다

# DAY 26 천안문은 어떻게 갑니까?

## 기본 회화

칭 원 티엔 안 먼 쩐 머 쪼우
A： 请问。天安门怎么走?
Qǐng wèn, Tiān ān mén zěn me zǒu?
실례합니다. 천안문은 어떻게 갑니까?

이 즈 왕 치엔 쪼우 란 허우 왕 쭈오 꽈이
B： 一直往前走，然后往左拐。
Yì zhí wǎng qián zǒu, Rán hòu wǎng zuǒ guǎi.
앞으로 곧장 걸어가세요. 그 다음 왼쪽으로 도세요.

리 쯔 얼 위엔 뿌 위엔
A： 离这儿远不远。
Lí zhèr yuǎn bu yuǎn. 여기에서 멀어요?

뿌 타이 위엔 쪼우 스 펀 쭝 찌우 따오 러
B： 不太远。走十分钟，就到了。
Bú tài yuǎn, Zǒu shí fēn zhōng jiù dào le.
그다지 멀지 않습니다. 10분 걸으면 곧 도착합니다.

씨에 씨에
A： 谢谢。 Xiè xie. 감사합니다.

부 커 치
B： 不客气。 Bú kè qi. 천만에요.

## 새 단어

天安门(門) tiān 'ān mén 티엔 안 먼 천안문

一直(直) yì zhí 이 즈 곧장

往 wǎng 왕 쪽으로

怎么 zěn me 쩐 머 어떻게

前 qián 치엔 앞

然后 rán hòu 란 허우 그런 다음에

左 zuǒ 쭈오 왼쪽

拐 guǎi 꽈이 돌다, 방향을 바꾸다

离(離) lí 리 ~에서

走 zǒu 쪼우 가다

远(遠) yuǎn 위엔 멀다

就 jiù 찌우 바로, 곧

## 해설

- 怎么(쩐 머) [zěn me] : '어떻게'라는 뜻과 '왜?'라는 두 가지 뜻이 있습니다. 〈怎么 + 동작동사〉일 경우에는 '어떻게'라는 뜻이고, 〈怎么 [zěn me] + (　) + 동사〉로 怎么와 동사 사이에 무언가 있으면 '왜'라는 뜻입니다.

  쯔어 거 차이 쩐 머 쭈어
  这个菜怎么做? [Zhè ge cài zěn me zuò?] 이 요리는 어떻게 만듭니까?

  니 쩐 머 이 거 런 쪼우
  你怎么一个人走? [Nǐ zěn me yí ge rén zǒu?] 당신은 왜 혼자 갑니까?

- 往(왕) [wǎng] : '~쪽으로', '~로 향하다'라는 뜻으로 이동을 나타내는 전치사입니다.

  취 여우 쥐 왕 나 비엔 쪼우 하오
  去邮局往哪边走好? [Qù yóu jú wǎng nǎ biān zǒu hǎo?]

  우체국에 가려면 어느 쪽으로 가면 좋습니까?

  이 즈 왕 난 쪼우
  一直往南走。 [Yì zhí wǎng nán zǒu.]

  곧장 남쪽으로 가세요.

• 离 [lí] : 두 지점간의 거리 '~에서'를 나타내는 전치사 또는 시간의 정도를 나타내는 '~에서 ~까지'를 뜻합니다.

니 지아 리 쉬에 시아오 위엔 부 위엔
你家离学校远不远? [Nǐ jiā lí xué xiào yuǎn bu yuǎn?]

당신 집은 학교에서 멉니까?

리 추 파 부 따오 스 펀 쭝 러
离出发不到十分钟了。[Lí chū fā bú dào shí fēn zhōng le.]

출발까지는 10분도 남지 않았다.

중국이 보인다! | 중추절(中秋节) : 음력 8월 15일

중추절은 우리나라의 추석과 같은 명절로, 먹는 음식은 달라도 풍습은 거의 비슷합니다. 중국에서는 중추절에 온 가족이 모여 달에게 가족의 안녕과 풍년과 감사하는 제사를 지내며, 달 구경이나, 달에게 소원 등을 빕니다. 또 달을 닮은 동그란 월병(月饼, 위에빙)을 만들거나 사서 친지들과 나눠 먹습니다. 월병은 팥, 계란 노른자, 견과류, 설탕 등을 넣어서 만듭니다. 최근엔 명절이 아니라도 쉽게 구매해서 먹을 수 있습니다.

## 응용 회화

쯔어 거 쯔 쩐 머 니엔
A : 这个字怎么念?
Zhè ge zì zěn me niàn?
이 글자는 어떻게 읽습니까?

워 예 부 쯔 따오 쩐 머 니엔
B : 我也不知道怎么念。
Wǒ yě bù zhī dào zěn me niàn.
나도 어떻게 읽는지 모릅니다.

니 지아 리 쉬에 시아오 위엔 마
A : 你家离学校远吗?
Nǐ jiā lí xué xiào yuǎn ma? 당신의 집은 학교에서 멉니까?

워 지아 리 쉬에 시아오 헌 찐
B : 我家离学校很近。
Wǒ jiā lí xué xiào hěn jìn. 우리 집은 학교에서 매우 가까워요.

칭 원 취 요우 쥐 쩐 머 쪼우
A : 请问。去邮局怎么走?
Qǐng wèn. Qù yóu jú zěn me zǒu?
말씀 좀 묻겠습니다. 우체국은 어떻게 갑니까?

이 즈 왕 난 쪼우
B : 一直往南走。 Yì zhí wǎng nán zǒu. 곧장 남쪽으로 가세요.

### 새 단어

邮(郵)局 yóu jú 요우 쥐 우체국

## 번체자 · 간체자 쓰기

| 번체자 | 간체자 | 쓰기 |
|---|---|---|
| 門<br>문 문 | 门<br>mén<br>먼 | 门 门 门<br>门 |
| 兒<br>아이 아 | 儿<br>ér<br>얼 | 儿 儿<br>儿 |
| 顯<br>나타날 현 | 显<br>xiǎn<br>시엔 | 显 显 显 显 显 显 显 显 显<br>显 |
| 離<br>떠날 리 | 离<br>lí<br>리 | 离 离 离 离 离 离 离 离 离 离<br>离 |

开门 (카이 먼) 문 열다 kāi mén

儿子 (얼 즈) 아들 ér zi

明显 (밍 시엔) 뚜렷하다 míng xiǎn

离开 (리 카이) 떠나다 lí kāi

| 번체자 | 간체자 | |
|---|---|---|
| 飛<br>날 비 | 飞<br>fēi<br>페이 | 飞 飞 飞<br>飞 |
| 實<br>열매 실 | 实<br>shí<br>스 | 实 实 实 实 实 实 实 实<br>实 |
| 務<br>힘쓸 무 | 务<br>wù<br>우 | 务 务 务 务 务<br>务 |
| 鑒<br>거울 감 | 鉴<br>jiàn<br>지엔 | 鉴 鉴 鉴 鉴 鉴 鉴 鉴 鉴 鉴 鉴 鉴 鉴 鉴<br>鉴 |

페이 지
飞机 비행기
fēi jī

스 융
实用 실용적이다
shí yòng

이 무
义务 의무
yì wù

지엔 띵
鉴定 평가하다
jiàn dìng

## 疾病 [jí bìng] 지 삥 질병

▶ 感冒 (간 마오) [gǎnmào] 감기

▶ 流行性感冒 (리우 씽 씽 간 마오) [liúxíngxìnggǎnmào] 독감

▶ 喷嚏 (펀 티) [pēntì] 재채기

▶ 咳嗽 (커 쏘우) [késou] 기침

▶ 头痛 (터우 통) [tóutòng] 두통

▶ 发烧 (파 샤오) [fāshāo] 열나다

▶ 虫牙 (총 야) [chóngyá] 충치

▶ 过敏性反应 (꾸오 민 씽 판 잉) [guòmǐnxìngfǎnyìng] 알레르기 반응

파 렁
▶ 发冷 [fālěng] 오한

샹 코우
▶ 伤口 [shāngkǒu] 상처

샤오 샹
▶ 烧伤 [shāoshāng] 화상

삐 씨에
▶ 鼻血 [bíxiě] 코피

쉬에 야
▶ 血压 [xuèyā] 혈압

으어 씬
▶ 恶心 [ěxin] 구역질

### 단어를 선택하여 문장을 완성하세요.

| 怎么, 然后, 一直, 离 |
|---|

1. 请问。图书馆(　　　)走?　말씀 좀 묻겠습니다. 도서관은 어떻게 갑니까?
2. (　　　)往前走。　똑바로 앞으로 가세요.
3. 你家(　　　)学校远吗?　당신 집은 학교에서 멉니까?
4. 一直往前走。(　　　)往右拐。
   똑바로 앞으로 가세요. 그 다음 오른쪽으로 꺾으세요.

### 중국어 한자를 쓰세요.

5. yì zhí (　　　)
6. rán hòu (　　　)
7. zěn me zǒu (　　　)
8. qǐng wèn (　　　)
9. xiè xie (　　　)
10. bú kè qi (　　　)

| 1. 怎么 | 2. 一直 | 3. 离 | 4. 然后 | 5. 一直 |
|---|---|---|---|---|
| 6. 然后 | 7. 怎么走 | 8. 请问 | 9. 谢谢 | 10. 不客气 |

# 어느 것이 더 예뻐요?

## 기본 회화

니 야오 션 머 시에
A : 你要什么鞋?
Nǐ yào shén me xié? 무슨 신발이 필요하세요?

워 시앙 마이 이 쑤앙 윈 뚱 시에
B : 我想买一双运动鞋。
Wǒ xiǎng mǎi yì shuāng yùn dòng xié.
저는 운동화 한 켤레 사려고 합니다.

니 추안 뚜어 샤오 하오
A : 你穿多少号?
Nǐ chuān duō shǎo hào? 몇 사이즈 신으세요?

워 추안 얼 바이싼스우 하오
B : 我穿235号。 Wǒ chuān èr bǎi sān shí wǔ hào.
저는 235 사이즈 신습니다.

나 거 하오 칸
A : 哪个好看? Nǎ ge hǎo kàn? 어느 것이 예뻐요?

쯔어 거 껑 하오 칸
B : 这个更好看。 zhè ge gèng hǎo kàn. 이것이 더 예뻐요.

## 새 단어

- 要 yào 야오 필요하다, 원하다
- 鞋 xié 시에 신발
- 买(買) mǎi 마이 사다
- 卖(賣) mài 마이 팔다
- 双 shuāng 쑤앙 짝, 켤레, 쌍
- 运动 yùndòng 윈뚱 운동, 운동하다
- 运动鞋 yùndòngxié 윈뚱시에 운동화
- 穿 chuān 추안 입다, 신다
- 多少 duōshǎo 뚜어샤오 얼마, 몇
- 号 hào 하오 사이즈

## 해설

• 要 [yào]

① ~할 예정이다, ~하고 싶다

(능원동사) 要 + 동사 + 목적어

我要喝咖啡。[Wǒ yào hē kā fēi.] 나는 커피가 마시고 싶다.

你要吃什么? [Nǐ yào chī shén me?] 너는 무엇을 먹으려고 하니?

부정형은 不想 [bù xiǎng] '~하고 싶지 않다', 不用 [bú yòng] '~하지 않아도 된다'입니다.

我不想吃面包。[Wǒ bù xiǎng chī miàn bāo.] 나는 빵을 먹고 싶지 않습니다.

你要买书吗? [Nǐ yào mǎi shū ma?] 너 책 사야 되니?

不用买书。[Bú yòng mǎi shū.] 안 사도 됩니다.

② 필요하다, 원하다

동사의 부정은 不要 [bú yào]입니다.(일반동사)

我要那本书。[wǒ yào nà běn shū.] 나는 그 책이 필요하다.

我不要那本书。[wǒ bú yào nà běn shū.] 나는 그 책이 필요하지 않다.

③ ~일 것이다

今天要下雨。[jīn tiān yào xià yǔ.] 오늘은 비가 올 것이다.

④ ~ 해야 한다

黑板要擦干净。[hēi bǎn yào cā gān jìng.] 칠판은 깨끗이 닦아야 한다.

## 응용 회화

A: 你要什么?
Nǐ yào shén me? 무엇이 필요하세요?

B: 我要一杯咖啡。
Wǒ yào yì bēi kā fēi. 커피 한 잔이 필요합니다.

A: 你还要什么? Nǐ hái yào shén me? 더 필요한 게 있으세요?

B: 再来一个汉堡包。
Zài lái yí ge hàn bǎo bāo. 햄버거 하나 더 주세요.

A: 好。请等一下。
Hǎo. Qǐng děng yí xià. 네. 잠시만 기다려 주세요.

### 새 단어

一杯咖啡 yì bēi kā fēi 커피 한 잔
杯 bēi 컵을 표시하는 양
一杯水 yì bēi shuǐ 물 한 컵
一杯酒 yì bēi jiǔ 술 한 잔
再 zài 더

## 해설

• 능원동사 – 다른 동사 앞에 놓여서 소망, 추측, 능력, 허락 등을 나타내는 동사를 능원동사라고 합니다. 자주 사용하는 능원동사에는 能 [néng], 会 [huì], 想 [xiǎng], 要 [yào], 可以 [kě yǐ], 必须 [bì xū], 应该 [yīng gāi] 등이 있습니다.

1. 能 : 다른 동사 앞에서 할 수 있거나 없는 능력, 허락을 표시합니다. 부정형은 不能 [bù néng]입니다.

   你能吃饭。[Nǐ néng chī fàn.] 당신은 밥 먹을 수 있습니다. 〈허락〉

   你能跑吗? [Nǐ néng pǎo ma?] 당신은 달릴 수 있습니까? 〈능력〉

2. 会 : 동사 앞에서 가능이나 추측을 나타냅니다. 부정형은 不会 [bú huì]입니다.

   妈妈不会错。[Mā ma bú huì cuò.] 엄마는 틀릴 리가 없다. 〈가능〉

   他会给我娃娃。[Tā huì gěi wǒ wá wa.] 그는 나한테 인형을 줄 것이다. 〈추측〉

3. 想 : '생각하다'라는 뜻으로서 다른 동사 앞에서 소망이나 희망을 나타냅니다.

   我想买娃娃。[Wǒ xiǎng mǎi wá wa.] 저는 인형을 사고 싶어요. 〈소망, 희망〉

   我想吃饭。[Wǒ xiǎng chī fàn.] 저는 밥 먹고 싶어요. 〈생각〉

4. 可以 : 동사 앞에서 가능 혹은 허락을 나타냅니다.

   你可以写汉字。[Nǐ kě yǐ xiě hàn zì.] 너는 한자를 쓸 수 있어. 〈가능〉

   我可以吃饭吗? [Wǒ kě yǐ chī fàn ma?] 제가 밥 먹어도 됩니까? 〈허락〉

5. **必须** : 동사 앞에서 '반드시 ~해야만 한다'는 뜻입니다.

你们必须写汉字。[Nǐ men bì xū xiě hàn zì.]

당신들은 반드시 한자를 써야 합니다.

你们必须做菜。[Nǐ men bì xū zuò cài.]

당신들은 반드시 요리를 해야 합니다.

6. **应该** [yīng gāi] : 동사 앞에서 행위의 당위성을 나타냅니다.

你应该好好学习。[Nǐ yīng gāi hǎo hǎo xué xí.]

너는 마땅히 공부를 열심히 해야 해.

十点了，你应该睡觉。[Shí diǎn le, nǐ yīng gāi shuì jiào.]

10시야, 너는 마땅히 잠을 자야 해.

## 번체자 · 간체자 쓰기

| 번체자 | 간체자 | |
|---|---|---|
| 訪<br>찾을 방 | 访<br>fǎng | 访 访 访 访 访 访<br>访 |
| 廣<br>넓을 광 | 广<br>guǎng | 广 广 广<br>广 |
| 達<br>통달할 달 | 达<br>dá | 达 达 达 达 达 达<br>达 |
| 賣<br>팔 매 | 卖<br>mài | 卖 卖 卖 卖 卖 卖 卖 卖<br>卖 |

访问 방문하다 fǎng wèn

广场 광장 guǎng chǎng

到达 도착하다 dào dá

卖不了 다 팔 수 없다 mài bu liǎo

| 번체자 | 간체자 | |
|---|---|---|
| 乾<br>마를 건 | 干<br>gān | 干 干 干 |
| 淨<br>깨끗할 정 | 净<br>jìng | 净 净 净 净 净 净 净 |
| 譜<br>계보 보 | 谱<br>pǔ | 谱 谱 谱 谱 谱 谱 谱 谱 谱 谱 谱 谱 谱 谱 |
| 繫<br>맬 계 | 系<br>jì | 系 系 系 系 系 系 系 |

干涉 간섭하다
gān shè

干净 깨끗하다
gān jìng

菜谱 메뉴
cài pǔ

系领带 넥타이를 매다
jì lǐng dài

# 职业 [zhí yè] 즈 예 직업 1

라오 스
▶ 老师 [lǎoshī] 선생님

지아오 쇼우
▶ 教授 [jiàoshòu] 교수

윈 똥 위엔
▶ 运动员 [yùndòngyuán] 운동선수

후 스
▶ 护士 [hùshi] 간호사

이 셩
▶ 医生 [yīsheng] 의사

징 꽌
▶ 警官 [jǐngguān] 경찰관

▶ 演员 [yǎnyuán] 배우 (옌 우엔)

▶ 艺人 [yìrén] 연예인 (이 런)

▶ 模特儿 [mótèr] 모델 (모 털)

▶ 厨师 [chúshī] 요리사 (추 스)

▶ 面包师 [miànbāoshī] 제빵사 (미엔 빠오 스)

▶ 农民 [nóngmín] 농부 (농 민)

练习题

## 평가 테스트

### 다음 단어를 이용하여 문장을 완성하세요.

1. 어느 것이 더 예뻐요? (更, 好看, 哪个)
( )

2. 이것이 더 예뻐요. (好看, 这个, 更)
( )

3. 어느 것이 더 비싸요? (更, 哪个, 贵)
( )

4. 어느 것이 제일 맛있어요? (最, 好吃, 哪个)
( )

5. 당신은 무엇이 필요하세요? (要, 您, 什么)
( )

6. 저는 커피 한 잔이 필요합니다. (咖啡, 一杯, 我, 要)
( )

7. 잠시만 기다리세요. (一下, 等, 请)
( )

### 중국어 한자를 써 보세요.

8. hǎo kàn ( )
9. hǎo chī ( )
10. shén me ( )
11. zěn me ( )
12. xǐ huan ( )
13. yì bēi ( )
14. mǎi mài ( )

정답

1. 哪个更好看? 2. 这个更好看。 3. 哪个更贵? 4. 哪个最好吃? 5. 您要什么?
6. 我要一杯咖啡。 7. 请等一下。 8. 好看 9. 好吃 10. 什么
11. 怎么 12. 喜欢 13. 一杯 14. 买卖

# 우리 같이 사진 찍읍시다

## 기본 회화

A : 你快过来! Nǐ kuài guò lai! 빨리 오세요!

B : 真好看。 Zhēn hǎo kàn. 정말 예쁘네요.

A : 上海的夜景很有名。
Shàng hǎi de yè jǐng hěn yǒu míng.
상하이의 야경은 아주 유명해요.

B : 我们一起照相吧。
Wǒ men yì qǐ zhào xiàng ba. 우리 같이 사진 찍읍시다.

A : 好啊。 Hǎo a. 좋아요.

B : 先生。请帮我们照一张相, 好吗?
Xiān sheng. Qǐng bāng wǒ men zhào yì zhāng xiàng, Hǎo ma?
선생님, 우리 좀 도와 사진 한 장 찍어주시겠어요?

## 새 단어

快 kuài 빨리, 빠르다

过来 guò lai 건너오다 (過)

真 zhēn 정말, 진짜 (眞)

夜 yè 밤

景 jǐng 경치

有名 yǒu míng 유명하다

照相 zhào xiàng 사진을 찍다

先生 xiān sheng ~씨, ~선생
(지식인 및 어느 정도 신분을 가진 성인 남성에 대한 존칭)

帮 bāng 돕다, 도와주다 (幫)

张 zhāng 장
(張 : 종이, 사진 등 넓고 평평한 것을 세는 단위)

## 해설

- **帮** [bāng] : '돕다', '도와주다'라는 의미의 동사입니다.
  문장에서 〈帮 + 사람 + 동사〉의 형식으로 쓰여서 '~를 도와서 ~하다'라는 의미입니다.

  **我帮你拿东西。** [Wǒ bāng nǐ ná dōng xi.]
  제가 당신을 도와 물건을 들어 드릴게요.

  **我帮你买书。** [Wǒ bāng nǐ mǎi shū.]
  제가 당신을 도와 책을 살게요.

  ※ **拿** [ná] : 물건이 손바닥과 접촉한 상태로 '들다'라는 뜻입니다.

**중국이 보인다! | 단오절(端午节): 음력 5월 5일**

단오절은 중국에서 '굴원'이라는 전국시대 충신을 기념하기 위해 만들어진 명절입니다. 전국시대 초나라 회왕(懷王)에게는 굴원(屈原)이라는 충신이 있었답니다. 그는 간신들의 모함에 빠져 억울하게 귀향을 가 그만 멱라 강에서 투신 자살을 합니다. 그의 죽음을 애도한 백성들은 그가 자살한 날 물고기들이 그 시신을 해치지 않도록 주먹찰밥(粽子, 쯔옹즈)을 강에 뿌렸답니다. 이후 매년 음력 5월 5일이 되면 그를 애도하는 제사와 행사가 이어졌습니다. 물론 우리나라의 단오도 여기서 전해진 명절입니다. 단오 때에는 물고기 밥으로 줬다는 쯔옹즈를 만들어 먹었습니다. 그 밖에 대표적인 행사로는 노 젓기 경기인 용선 경주(龙船, 룽촤안싸이)가 있답니다.

**粽子** : 대표적인 단오 음식으로 찹쌀에 팥, 대추, 설탕, 견과류 등을 넣고 대나무 잎이나 갈대 잎으로 싸서 찐 음식입니다.

## 응용 회화

A : 你去哪儿? Nǐ qù nǎr? 어디 가세요?

B : 我去商店。
Wǒ qù shāng diàn. 상점에 갑니다.

A : 你去商店，帮我买一袋辛辣面。好吗?
Nǐ qù shāng diàn, bāng wǒ mǎi yí dài xīn là miàn. Hǎo ma?
당신이 상점에 가는 데 저를 도와서 신라면 하나 사 주실래요?

B : 好啊。还要别的吗? Hǎo a. Hái yào bié de ma?
네, 더 필요한 것 없으세요?

A : 不要了。钱一会儿给你。
Bú yào le. Qián yí huìr gěi nǐ. 없어요. 라면 값은 나중에 드릴게요.

B : 随便。 Suí biàn. 편한대로 하세요.

### 새 단어

还 hái 더

别的 bié de 다른, 다른것

一会儿 yí huìr 짧은 시간, 잠깐 동안, 잠시

随便 suí biàn 마음대로 하다, 편한대로 하다

## 해설

• 양사 : 우리말의 '잔', '명', '자루'처럼 중국어에도 사물이나 그 개수를 세는 단위가 있습니다. 이것을 양사라고 하는데, 양사의 형태는 반드시 〈수사 + 양사 + 명사〉로 써야 합니다.

| 양사 | 결합 [수사 + 양사 + 명사] |
|---|---|
| 거<br>个 [gè] ~개, ~명 | 一个书包 [yí ge shū bāo] 책가방 한 개<br>一个人 [yí ge rén] 사람 한 명 |
| 뻬이<br>杯 [bēi] ~잔, ~컵 | 一杯可乐 [yì bēi kě lè] 콜라 한 잔 |
| 지엔<br>件 [jiàn] ~벌 | 一件衣服 [yí jiàn yī fu] 옷 한 벌 |
| 완<br>碗 [wǎn] ~공기, ~그릇 | 一碗饭 [yì wǎn fàn] 밥 한 공기 |
| 즈<br>支 [zhī] ~자루 | 一支铅笔 [yì zhī qiān bǐ] 연필 한 자루 |
| 밍<br>名 [míng] ~명 | 一名学生 [yì míng xué sheng] 학생 한 명 |
| 웨이<br>位 [wèi] ~분 | 一位老师 [yí wèi lǎo shī] 선생님 한 분 |
| 뻔<br>本 [běn] ~권 | 一本书 [yì běn shū] 책 한 권 |
| 핑<br>瓶 [píng] ~병 | 一瓶啤酒 [yì píng pí jiǔ] 맥주 한 병 |
| 티아오<br>条 [tiáo] ~줄기<br>~마리<br>~조, ~항 | 一条河 [yì tiáo hé] 강 한 줄기<br>一条鱼 [yì tiáo yú] 고기 한 마리<br>一条新闻 [yì tiáo xīn wén] 한 가지 뉴스 |

练习题

## 평가 테스트

### 순서를 바로 잡아 쓰세요.

1. 너는 어디 가니?
(去, 你, 哪儿?) ( ________________ )

2. 나 도서관 간다.
(去, 我, 图书馆) ( ________________ )

3. 그래? 너 나를 도와서 책 한 권 반납해 줄래?
(你, 我, 帮, 书, 还, 一本, 是吗? 好吗?) ( ________________ )

4. 당신 우리 사진 한 장 찍어 주실래요?
(帮, 你, 我们, 照, 相, 张, 好吗?) ( ________________ )

### 중국어 한자를 쓰세요.

5. 문제없다 ( ______ )
6. 도와주다 ( ______ )
7. 상점 ( ______ )
8. 유명하다 ( ______ )
9. 사진을 찍다 ( ______ )
10. 예쁘다 ( ______ )
11. 빠르다 ( ______ )
12. 선생 ( ______ )

1. 你去哪儿? 2. 我去图书馆。 3. 是吗? 你帮我还一本书好吗?
4. 你帮我们照张相, 好吗? 5. 没问题 6. 帮 7. 商店
8. 有名 9. 照相 10. 好看 11. 快 12. 老师

# 번체자 · 간체자 쓰기

| 번체자 | 간체자 | |
|---|---|---|
| 傑<br>뛰어날 걸 | 杰<br>jié | 杰 杰 杰 杰 杰 杰 杰 杰<br>杰 |
| 讓<br>사양할 양 | 让<br>ràng | 让 让 让 让 让<br>让 |
| 張<br>베풀 장 | 张<br>zhāng | 张 张 张 张 张 张 张<br>张 |
| 讀<br>읽을 독 | 读<br>dú | 读 读 读 读 读 读 读 读 读 读<br>读 |

杰作 걸작
jié zuò

让步 양보하다
ràng bù

开张 개업하다
kāi zhāng

读书 책을 읽다
dú shū

| 번체자 | 간체자 | |
|---|---|---|
| 導<br>인도할 도 | 导<br>dǎo | 导 导 导 导 导 导<br>导 |
| 巖<br>바위 암 | 岩<br>yán | 岩 岩 岩 岩 岩 岩 岩 岩<br>岩 |
| 爲<br>위할 위 | 为<br>wèi | 为 为 为 为<br>为 |
| 軍<br>군사 군 | 军<br>jūn | 军 军 军 军 军 军<br>军 |

导演 연출자 dǎo yǎn　岩石 암석 yán shí　为什么 왜 wèi shén me　军队 군대 jūn duì

# 职业 [zhí yè] 즈 예 직업 2

꺼 쇼우
▸ 歌手 [gēshǒu] 가수

지엔 뚜
▸ 监督 [jiāndū] 감독

뤼 스
▸ 律师 [lǜshī] 변호사

콩 쭝 시아오 지에
▸ 空中小姐(空姐)
[kōngzhōngxiǎojiě] 항공승무원

쓰 지
▸ 司机 [sījī] 운전기사

▶ 秘书 [mìshū] 비서 (미 슈)

▶ 木匠 [mùjiang] 목수 (무 지앙)

▶ 军人 [jūnrén] 군인 (쮠 런)

▶ 音乐家 [yīnyuèjiā] 음악가 (인 위에 지아)

▶ 工薪族 [gōngxīnzú] 샐러리맨 (꽁 씬 주)

DAY 29

# 당신은 골프 칠 줄 아세요?

## 기본 회화

A : 这个周末你干什么?
Zhè ge zhōu mò nǐ gàn shén me? 이번 주말에 뭐하세요?

B : 我想在家休息。你呢?
Wǒ xiǎng zài jiā xiū xi. Nǐ ne?
저는 집에서 쉬려고 합니다. 당신은요?

A : 我去打高尔夫球。
Wǒ qù dǎ gāo'ěr fū qiú. 저는 골프 치러 갑니다.

你会打高尔夫球吗?
Nǐ huì dǎ gāo'ěr fū qiú ma? 골프 칠 줄 아세요?

B : 我不会打高尔夫球。
Wǒ bú huì dǎ gāo'ěr fū qiú. 나는 골프 칠 줄 모릅니다.

我喜欢打羽毛球。
Wǒ xǐ huan dǎ yǔ máo qiú. 저는 배드민턴 치는 걸 좋아합니다.

A : 是吗? 下个星期六我们一起打羽毛球吧。
Shì ma? Xià ge xīng qī liù wǒ men yì qǐ dǎ yǔ máo qiú ba.
그러세요? 다음 주 토요일에 우리 함께 배드민턴 칩시다.

B : 好啊。 Hǎo a. 좋습니다.

새 단어

周末 zhōu mò 주말

在 zaì ~에서

高尔夫球 gāo' ěr fū qiú 골프

羽毛球 yǔ máo qiú 배드민턴

## 해설

• 会 [huì] : 학습이나 연습을 통하여 '~할 줄 안다', '~ 할 수 있다'라는 뜻을 나타냅니다.

他会打乒乓求。[Tā huì dǎ pīng pāng qiú.] 그는 탁구를 칠 수 있다.

他会说英语。[Tā huì shuō yīng yǔ.] 그는 영어를 할 줄 안다.

我会一点儿。[Wǒ huì yì diǎnr.] 저는 조금 할 줄 압니다.

我会弹钢琴。[Wǒ huì tán gāng qín.] 나는 피아노를 칠 줄 안다.

我会骑自行车。[Wǒ huì qí zì xíng chē.] 나는 자전거를 탈 줄 안다.

我会开车。[Wǒ huì kāi chē.] 나는 운전할 줄 안다.

## 응용 회화

A: 你会骑自行车吗?
Nǐ huì qí zì xíng chē ma? 당신은 자전거 탈 줄 아세요?

B: 我不会骑自行车。
Wǒ bú huì qí zì xíng chē. 저는 자전거 탈 줄 모릅니다.

A: 你会游泳吗?
Nǐ huì yóu yǒng ma? 당신은 수영할 줄 압니까?

B: 我会游泳。
Wǒ huì yóu yǒng. 저는 수영할 줄 압니다.

A: 你会说汉语吗?
Nǐ huì shuō hàn yǔ ma? 당신은 중국어 할 줄 아세요?

B: 会一点儿。 Huì yì diǎnr. 조금 할 줄 알아요.

A: 你会做中国菜吗?
Nǐ huì zuò zhōngguó cài ma? 당신은 중국 요리할 줄 아세요?

B: 我会做鸡蛋炒西红柿菜。
Wǒ huì zuò jī dàn chǎo xī hóng shì cài.
저는 계란 토마토 볶음 요리를 할 줄 압니다.

很好吃。 Hěn hǎo chī. 아주 맛있습니다.

鸡蛋 jī dàn 계란(鷄卵)

炒 chǎo 볶다

西红柿 xī hóng shì 토마토

• 운동에 관련된 단어

티 주 치우
踢足球 [tī zú qiú] 축구하다

따 란 치우
打篮球 [dǎ lán qiú] 농구하다

따 파이 치우
打排球 [dǎ pái qiú] 배구하다

따 왕 치우
打网球 [dǎ wǎng qiú] 테니스 치다

따 까오 얼 푸 치어우
打高尔夫球 [dǎ gāo'ěr fū qiú] 골프 치다

따 핑 팡 치우
打乒乓球 [dǎ pīng pāng qiú] 탁구 치다

따 빵 치우
打棒球 [dǎ bàng qiú] 야구하다

여우 영
游泳 [yóu yǒng] 수영하다

치 쯔 싱 츠어
骑自行车 [qí zì xíng chē] 자전거 타다

떵 샨
登山 [dēng shān] 등산하다

화 쉬에
滑雪 [huá xuě] 스키 타다

화 삥
滑冰 [huá bīng] 스케이트 타다

파오 뿌
跑步 [pǎo bù] 조깅하다

## 번체자 · 간체자 쓰기

| 번체자 | 간체자 | |
|---|---|---|
| 尋<br>찾을 심 | 寻<br>xún | 寻 寻 寻 寻 寻 寻<br>寻 |
| 監<br>감독할 감 | 监<br>jiān | 监 监 监 监 监 监 监 监 监 监<br>监 |
| 應<br>응할 응 | 应<br>yīng | 应 应 应 应 应 应 应<br>应 |
| 講<br>논할 강 | 讲<br>jiǎng | 讲 讲 讲 讲 讲 讲<br>讲 |

寻找 찾다 xún zhǎo　监督 감독하다 jiān dū　反应 반응 fǎn yìng　讲座 강좌 jiǎng zuò

| 번체자 | 간체자 | |
|---|---|---|
| 變<br>변할 변 | 变<br>biàn | 变 变 变 变 变 变 变 变<br>变 |
| 設<br>세울 설 | 设<br>shè | 设 设 设 设 设 设<br>设 |
| 從<br>따를 종 | 从<br>cóng | 从 从 从 从<br>从 |
| 霧<br>안개 무 | 雾<br>wù | 雾 雾 雾 雾 雾 雾 雾 雾 雾 雾 雾 雾 雾<br>雾 |

变化 변화하다
biàn huà

设施 시설
shè shī

从来 지금까지
cóng lái

雾大 안개가 끼다
wù dà

# 季节, 天气 [jì jié, tiān qì] 지 지에, 티엔 치 계절, 날씨

춘 띠엔
▶ 春天 [chūn tiān] 봄

시아 티엔
▶ 夏天 [xià tiān] 여름

치우 티엔
▶ 秋天 [qiū tiān] 가을

똥 티엔
▶ 冬天 [dōng tiān] 겨울

누안 후오
▶ 暖和 [nuǎn huo] 따뜻하다

르어
▶ 热 [rè] 덥다

▶ 凉快 리앙 콰이 [liáng kuai] 시원하다

▶ 冷 렁 [lěng] 춥다

▶ 晴天 칭 띠엔 [qíng tiān] 맑음

▶ 雨 위 [yǔ] 비

▶ 阴天 인 티엔 [yīn tiān] 흐림

▶ 风 펑 [fēng] 바람

▶ 雾 우 [wù] 안개

▶ 雷 레이 [léi] 천둥

练习题

## 평가 테스트

### 중국어로 번역하세요.

1. 저는 자전거를 탈 줄 압니다. ( )
2. 저는 중국어를 할 줄 압니다. ( )
3. 당신은 운전할 줄 압니까? ( )
4. 당신은 수영할 줄 압니까? 모릅니까? ( )
5. 그는 탁구를 칠 줄 모릅니다. ( )

### 다음 단어를 한자로 쓰세요.

6. 배드민턴 yǔ máo qiú ( )
7. 수영 yóu yǒng ( )
8. 휴식 xiū xi ( )
9. 계란 jī dàn ( )
10. 자전거 zì xíng chē ( )
11. 볶다 chǎo ( )
12. 토마토 xī hóng shì ( )
13. 일본어 rì yǔ ( )
14. 골프 gāo'ěr fū qiú ( )
15. 탁구 pīng pāng qiú ( )

정답

1. 我会骑自行车。 2. 我会说汉语。 3. 你会开车吗? 4. 你会不会游泳? 5. 他不会打乒乓求。
6. 羽毛球 7. 游泳 8. 休息 9. 鸡蛋 10. 自行车
11. 炒 12. 西红柿 13. 日语 14. 高尔夫球 15. 乒乓球

# 여기서 담배 피워도 됩니까?

## 기본 회화

A : 这儿可以抽烟吗?
Zhèr kě yǐ chōu yān ma? 여기서 담배를 피워도 됩니까?

B : 这儿可以抽烟。
Zhèr kě yǐ chōu yān.
여기서 담배를 피워도 됩니다.

A : 明天你能来吗?
Míng tiān nǐ néng lái ma? 내일 올 수 있어요?

B : 明天我能来。 Míng tiān wǒ néng lái. 저는 내일 올 수 있습니다.

A : 他能看英文报。
Tā néng kàn yīng wén bào. 그는 영어 신문을 볼 수 있습니다.

B : 他今天有事不能来吧。
Tā jīn tiān yǒu shì bù néng lái ba. 그는 오늘 일이 있어서 오지 못할 것입니다.

### 새 단어

- **可以** kě yǐ ~할 수 있다, ~해도 좋다
- **抽烟** chōu yān 담배를 피우다
- **能** néng ~할 수 있다, ~해도 좋다

## 해설

• **能** [néng] : '~할 수 있다', '~해도 좋다'라는 의미로 쓰입니다. 동사 앞에 와서 능력, 허락 등을 나타내는 능원동사인데, 이외에 **可以** [kě yǐ]도 같은 의미로 쓰입니다.

① 허락을 나타낼 때

你能进去。[Nǐ néng jìn qu.] 당신은 들어가도 좋습니다.

能不能吃这个菜? [Néng bu néng chī zhè ge cài?]

이 요리를 먹어도 되나요?

② 능력을 나타낼 때

你能不能走二十公里? [Nǐ néng bu néng zǒu èr shí gōng lǐ?]

당신은 20km를 걸을 수 있습니까?

我不能跑。[Wǒ bù néng pǎo.]

나는 달릴 수 없습니다.

• **可以** [kě yǐ] : 가능이나 허락을 나타냅니다.

我可以进去吗? [Wǒ kě yǐ jìn qu ma?] 들어가도 됩니까?

现在你们可以走了。[Xiàn zài nǐ men kě yǐ zǒu le.]

이제 당신들은 가도 좋습니다.

## 응용 회화

这儿能抽烟吗?
Zhèr néng chōu yān ma? 여기서 담배 피워도 됩니까?

今天作业不多。九点以前能做完。
Jīn tiān zuò yè bù duō. Jiǔ diǎn yǐ qián néng zuò wán.
오늘은 숙제가 많지 않아서 아홉 시 전에 다 할 수 있다.

这个菜很好吃, 你可以尝一尝。
Zhè ge cài hěn hǎo chī, Nǐ kě yǐ cháng yi cháng.
이 요리는 아주 맛있어요. 먹어봐도 됩니다.

明天我可以再来。
Míng tiān wǒ kě yǐ zài lái. 내일 다시 올 수 있다.

请问。可以进去吗?
Qǐng wèn. kě yǐ jìn qu ma?
말씀 좀 묻겠습니다. 들어가도 되겠습니까?

我可以用你的手机吗?
Wǒ kě yǐ yòng nǐ de shǒu jī ma? 당신의 핸드폰을 사용해도 될까요?

### 새 단어

作业 zuò yè 숙제(業)
做 zuò 하다
完 wán 끝내다
尝 cháng 맛보다(嘗)
再 zài 다시
用 yòng 쓰다

## 해설

· **尝一尝** [cháng yi cháng] : 중첩은 중국어 품사 형태의 변화로 단어의 중첩을 통하여 일종의 어법의미를 나타냅니다. 하지만 모든 동사가 중첩 형식을 갖는 것은 아닙니다. 동사의 중첩에는 두 가지 방식이 있는데 단음절 중첩은 AA식입니다.

예를 들면, **看看**, **说说**

또 두 개의 동사 사이에 了나 一을 넣을 수 있습니다.

쌍음절의 중첩방식은 ABAB식입니다.

동사의 중첩은 두 가지 의미가 있는데 하나는 시간의 짧음을 표시하는 것이고, 하나는 시범으로 하는 것을 표시합니다.

① 단음절 중첩 방식, AA식

说说 [shuō shuo] 말해 봐. = 说一说 [shuō yi shuō] 해(一 생략 가능)

看看 [kàn kan] 봐봐. = 看一看 [kàn yi kàn]

你想想吧。[Nǐ xiǎng xiang ba.] 한 번 생각해 봐.

你来说说吧。[Nǐ lái shuō shuo ba.] 네가 한 번 말해 봐.

我看看吧。[Wǒ kàn kan ba.] 내가 좀 보자.

② 쌍음절 중첩 방식, ABAB식

你休息休息吧。 [Nǐ xiū xi xiū xi ba.] 잠시 쉬어.

你们认识认识吧。[Nǐ men rèn shi rèn shi ba.] 너희들 알고 지내.

我们研究研究。[Wǒ men yán jiu yán jiu.] 우리 한 번 고려해 볼게요.

형용사의 중첩방식 : 단음절 형용사의 중첩 방식은 'AA'식이고, 쌍음절 형용사의 중첩 방식은 'AABB'식입니다.

① 단음절 중첩 방식, AA식

好好 [hǎo hāo] 慢慢 [màn mān]

뒤의 성조는 1성으로 읽습니다.

② 쌍음절 중첩 방식, ABAB식

漂漂亮亮 [piào piao liàng liàng] 예쁘다, 멋지다

干干净净 [gān gan jìng jìng] 깨끗하다

※ 형용사의 중첩식은 很의 수식을 받을 수 없습니다. 중첩한 형용사는 자유롭게 문장 성분이 될 수 있습니다.

## 번체자 · 간체자 쓰기

| 번체자 | 간체자 | |
|---|---|---|
| 銅<br>구리 동 | 铜<br>tóng | 铜 铜 铜 铜 铜 铜 铜 铜 铜 铜 铜<br>铜 |
| 藝<br>재주 예 | 艺<br>yì | 艺 艺 艺 艺<br>艺 |
| 業<br>업 업 | 业<br>yè | 业 业 业 业 业<br>业 |
| 蘭<br>난초 란 | 兰<br>lán | 兰 兰 兰 兰 兰<br>兰 |

铜牌 동메달 tóng pái
艺术 예술 yì shù
作业 숙제 zuò yè
兰花 난 lán huā

| 번체자 | 간체자 | |
|---|---|---|
| 勞<br>일할 로 | 劳<br>láo | 劳 劳 劳 劳 劳 劳 劳<br>劳 |
| 葉<br>잎 엽 | 叶<br>yè | 叶 叶 叶 叶 叶<br>叶 |
| 種<br>씨 종 | 种<br>zhǒng | 种 种 种 种 种 种 种 种 种<br>种 |
| 個<br>낱 개 | 个<br>gè | 个 个 个<br>个 |

疲劳 피곤하다
pí láo

落叶 낙엽
luò yè

种子 씨앗, 종자
zhǒng zi

个人 개인
gè rén

## 木 [mù] 무 나무

▶ 梢柴 [shāochái] 나뭇가지 (샤오 차이)

▶ 树干 [shù gàn] 줄기 (슈 깐)

▶ 果实 [guǒ shí] 열매 (구어 스)

▶ 年轮 [nián lún] 나이테 (니엔 룬)

▶ 叶子 [yè zi] 잎 (예 즈)

▶ 芽 [yá] 싹 (야)

▶ 种子 [zhǒng zi] 씨 (쭝 즈)

▶ 树根 [shù gēn] 뿌리 (슈 컨)

练习题

## 평가 테스트

### 중국어로 번역하세요.

1. 여기서 담배피워도 될까요? (________________)
2. 들어가도 될까요? (________________)
3. 내일 올 수 있습니까? (________________)
4. 당신의 핸드폰을 사용해도 될까요? (________________)
5. 당신은 일본어를 말할 수 있습니까? (________________)

### 중국어 한자를 쓰세요.

6. 담배 피우다 chōu yān (______)
7. ~할 수 있다 kě yǐ (______)
8. ~해도 좋다 néng (______)
9. 숙제 zuò yè (______)
10. 끝내다 wán (______)
11. 맛보다 cháng (______)

1. 这儿可以抽烟吗? 2. 我可以进去吗? 3. 你明天能来吗? 4. 我可以用你的手机吗?
5. 你会说日语吗? 6. 抽烟 7. 可以 8. 能
9. 作业 10. 完 11. 尝

# 중국어 음절 결합표

| 운모 / 성모 | a | o | e | -i | er | ai | ei | ao | ou | an | en | ang | eng | ong | i | ia | iao | ie |
|---|---|---|---|---|---|---|---|---|---|---|---|---|---|---|---|---|---|---|
| b | ba | bo | | | | bai | bei | bao | | ban | ben | bang | beng | | bi | | biao | bie |
| p | pa | po | | | | pai | pei | pao | pou | pan | pen | pang | peng | | pi | | piao | pie |
| m | ma | mo | me | | | mai | mei | mao | mou | man | men | mang | meng | | mi | | miao | mie |
| f | fa | fo | | | | | fei | | fou | fan | fen | fang | feng | | | | | |
| d | da | | de | | | dai | dei | dao | dou | dan | den | dang | deng | dong | di | | diao | die |
| t | ta | | te | | | tai | | tao | tou | tan | | tang | teng | tong | ti | | tiao | tie |
| n | na | | ne | | | nai | nei | nao | nou | nan | nen | nang | neng | nong | ni | | niao | nie |
| l | la | | le | | | lai | lei | lao | lou | lan | | lang | leng | long | li | lia | liao | lie |
| z | za | | ze | zi | | zai | zei | zao | zou | zan | zen | zang | zeng | zong | | | | |
| c | ca | | ce | ci | | cai | | cao | cou | can | cen | cang | ceng | cong | | | | |
| s | sa | | se | si | | sai | | sao | sou | san | sen | sang | seng | song | | | | |
| zh | zha | | zhe | zhi | | zhai | zhei | zhao | zhou | zhan | zhen | zhang | zheng | zhong | | | | |
| ch | cha | | che | chi | | chai | | chao | chou | chan | chen | chang | cheng | chong | | | | |
| sh | sha | | she | shi | | shai | shei | shao | shou | shan | shen | shang | sheng | | | | | |
| r | | | re | ri | | | | rao | rou | ran | ren | rang | reng | rong | | | | |
| j | | | | | | | | | | | | | | | ji | jia | jiao | jie |
| q | | | | | | | | | | | | | | | qi | qia | qiao | qie |
| x | | | | | | | | | | | | | | | xi | xia | xiao | xie |
| g | ga | | ge | | | gai | gei | gao | gou | gan | gen | gang | geng | gong | | | | |
| k | ka | | ke | | | kai | kei | kao | kou | kan | ken | kang | keng | kong | | | | |
| h | ha | | he | | | hai | hei | hao | hou | han | hen | hang | heng | hong | | | | |
| 단독 쓰임 | a | o | e | | er | ai | ei | ao | ou | an | en | ang | eng | | yi | ya | yao | ye |

※감탄사에 쓰이는 특수한 음절(ng, hng 등)은 생략

| iou(u) | ian | in | iang | ing | iong | u | ua | uo | uai | uei(ui) | uan | uen(un) | uang | ueng | ü | üe | üan | ün |
|---|---|---|---|---|---|---|---|---|---|---|---|---|---|---|---|---|---|---|
| | bian | bin | | bing | | bu | | | | | | | | | | | | |
| | pian | pin | | ping | | pu | | | | | | | | | | | | |
| miu | mian | min | | ming | | mu | | | | | | | | | | | | |
| | | | | | | fu | | | | | | | | | | | | |
| diu | dian | | | ding | | du | | duo | | dui | duan | dun | | | | | | |
| | tian | | | ting | | tu | | tuo | | tui | tuan | tun | | | | | | |
| niu | nian | nin | niang | ning | | nu | | nuo | | | nuan | | | | nü | nüe | | |
| liu | lian | lin | liang | ling | | lu | | luo | | | luan | lun | | | lü | lüe | | |
| | | | | | | zu | | zuo | | zui | zuan | zun | | | | | | |
| | | | | | | cu | | cuo | | cui | cuan | cun | | | | | | |
| | | | | | | su | | suo | | sui | suan | sun | | | | | | |
| | | | | | | zhu | zhua | zhuo | zhuai | zhui | zhuan | zhuang | | | | | | |
| | | | | | | chu | chua | chuo | chuai | chui | chuan | chun | chuang | | | | | |
| | | | | | | shu | shua | shuo | shuai | shui | shuan | shun | shuang | | | | | |
| | | | | | | ru | rua | ruo | | rui | ruan | run | | | | | | |
| jiu | jian | jin | jiang | jing | jiong | | | | | | | | | | ju | jue | juan | jun |
| qiu | qian | qin | qiang | qing | qiong | | | | | | | | | | qu | que | quan | qun |
| xiu | xian | xin | xiang | xing | xiong | | | | | | | | | | xu | xue | xuan | xun |
| | | | | | | gu | gua | guo | guai | gui | guan | gun | guang | | | | | |
| | | | | | | ku | kua | kuo | kuai | kui | kuan | kun | kuang | | | | | |
| | | | | | | hu | hua | huo | huai | hui | huan | hun | huang | | | | | |
| you | yan | yin | yang | ying | yong | wu | wa | wo | wai | wei | wan | wen | wang | weng | yu | yue | yean | yun |

# 중국어의 성모

| b | p | m | f |
|---|---|---|---|
| 빠 바<br>爸爸 bà ba<br>아빠 | 풔<br>坡 pō<br>언덕 | 마오<br>猫 māo<br>고양이 | 파<br>乏 fá<br>피곤하다 |

| d | t | n | l |
|---|---|---|---|
| 따 미<br>大米 dàmǐ<br>쌀 | 팅<br>听 tīng<br>듣다 | 뉘<br>女 nǚ<br>여자 | 루<br>路 lù<br>길 |

| g | k | h | |
|---|---|---|---|
| 끄어 거<br>哥哥 gēge<br>형, 오빠 | 쿤<br>困 kùn<br>졸리다 | 흐어<br>喝 hē<br>마시다 | |

j
지아
家 jiā
집
q
췬 즈
裙子 qún zi
치마
x
쉬에
雪 xuě
눈
zh
쭝
中 zhōng
가운데
ch
츠
吃 chī
먹다
sh
수
书 shū
책
r
르
日 rì
날
z
짜오
早 zǎo
아침
c
차이
菜 cài
요리
s
쑤안
蒜 suàn
마늘

중국어 발음부터 단어·기본 문법·회화까지
**이것이 독학 중국어 첫걸음이다!**

초판 21쇄 발행 | 2025년 11월 25일

**지은이** | 류연숙
**감　수** | 리징후이(李京徽)
**편　집** | 이말숙
**디자인** | 윤지선
**일러스트** | 황종익, 김만영

**제　작** | 선경프린테크
**펴낸곳** | Vitamin Book
**펴낸이** | 박영진

**등　록** | 제318-2004-00072호
**주　소** | 07301 서울특별시 영등포구 영신로 34길 19, 2층
**전　화** | 02) 2677-1064
**팩　스** | 02) 2677-1026
**이메일** | vitaminbooks@naver.com
**웹하드** | ID vitaminbook / PW vitamin


ISBN 978-89-92683-59-3 (13720)